Colección VIDA POSITIVA Títulos publicados

1. Sé positiva - S. Patton Thoele
2. Imágenes que curan - L. Moen
3. Mensajes con amor - S. Jeffers
4. Crecer interiormente - L. Moen
5. Las respuestas están dentro de ti - U. Markham
6. Relaja tu mente - L. Moen
7. Aprende a meditar - L. Proto
8. Creatividad mental - L. Moen
9. Libérate del estrés - L. Marshall
10. Eres energía - G. Martel
11. Transforma tus emociones - L. Moen
12. Respira y sé libre - M. Verdilhac
13. Ejercicios energéticos - E.J. y S. Blawyn
14. Vivir espiritualmente - U. Silbey
15. Evite preocuparse - S. Breton
16. La combinación de los alimentos - T. Spong
17. Zumos para una vida sana - C. Wheater
18. Verduras para una vida sana - R. Richling
19. La gimnasia del bienestar - V. Thieffry
20. El arte de la sexualidad energética - S. Elkéfy con P. Jacquemart
21. Guía práctica de masaje y automasaje - J.P. Séréni
22. Sé optimista - C. Adams Miller
23. Tus manos pueden curar - R.A. Weinman
24. Guía de sexualidad para jóvenes - The Diagram Group
25. Lecciones de optimismo - C. Adams Miller
26. Desarrolla tu magnetismo - G. Biadatti
27. Interpreta tus sueños - Y. Soliah
28. El arte del placer sexual - B. Keesling
29. Todo es posible - P. Kummer
30. Guía práctica de stretching - F. St George
31. Pensamientos de poder y amor - S. Jeffers
32. Belleza natural - L. Earle
33. Primeros auxilios naturales - B. Grant Viagas
34. Frutas para una vida sana - R. Richling
35. Minerales y oligoelementos para su salud - S. Roediger Streubel
36. Vitaminas para su salud - K. Oberbeil
37. Vivir positivamente - C. Adams Miller
38. Aprende a motivarte - E. Jensen
39. Puedes tenerlo todo - A. M. Patent
40. Introducción a los chakras - D. Coquelle
41. Aprende a relajarte - J. Choque
42. Aromas que curan - J. Radford
43. La memoria en plena forma - Jocelyne de Rotrou
44. Técnicas esenciales para el bienestar - Louise Taylor
45. El poder curativo del agua caliente - Dr. Patrick Horay, David Harp

Relaja tu mente

Larry Moen

Relaja tu mente

Traducción de Mercedes Villar

ROBINBOOK

Si usted desea que le mantengamos informado de nuestras publicaciones, sólo tiene que remitirnos su nombre y dirección, indicando qué temas le interesan, y gustosamente complaceremos su petición.

Ediciones Robinbook
Información Bibliográfica
Aptdo. 94.085 - 08080 Barcelona

Título original: *Guided Imagery.*

Diseño cubierta: Regina Richling.
Fotografía: Donald Nausbaum (Fototeca Stone International).
ISBN: 84-7927-096-9.
Depósito legal: B-17.201-1994.
Fotocomposición de Pacmer, Miquel Àngel, 70-72, 08028 Barcelona.
Impreso por Libergraf, Constitució, 19, 08014 Barcelona.

Impreso en España - *Printed in Spain*

Introducción

En las últimas décadas se ha descubierto que la visualización alivia el estrés, desarrolla la confianza en uno mismo y mejora el estado físico deteriorado por el exceso de trabajo. No se trata de algo mágico o sobrenatural, como algunas personas se empeñan en creer. La imagen guiada es una simple pero efectiva cuestión de relajación, de desbloqueo de la mente y de un intento por centrar los pensamientos y la voluntad únicamente en lo que se desea conseguir.

A lo largo de los muchos años que llevo practicando la meditación para conseguir desentrañar los secretos de mi propia psique, he llegado a la conclusión de que recibimos únicamente aquello en lo que previamente nos hemos concentrado. Si nos centramos en «no obtener» resultados negativos, es probable que esos resultados negativos sigan produciéndose porque el centro de atención gira en torno a lo negativo. Por el contrario, si una persona consigue centrarse en lo positivo, avanzará más en esa dirección, logrando resultados cada vez más alentadores. Este libro rebosa de contenido positivo.

Sin entrar a describir otros efectos positivos, el beneficio más importante de la meditación es el alivio del estrés. Cuando no se consigue superarlo, éste puede ser interiorizado causando lesiones psicológicas e incluso físicas. La imagen guiada es una de las mejores herramientas disponibles para enseñar a las personas a liberarse de la tensión, la ira, el miedo, la ansiedad y todas las demás emociones negativas que generan estrés.

Relaja tu mente le ayudará a exteriorizar esa fuerza oculta que todos poseemos y que se convertirá en su mejor aliado para cambiar y mejorar su propia vida. Tal aptitud es innata en la persona humana y le ayudará a dejar de depender de personas u otros elementos ajenos a usted para lograr cambios personales. En realidad, todas las herramientas que usted necesita se encuentran en el interior de su propia mente. La imagen guiada le ayudará a verse del modo en que desea ser. Así, cuando practique la visualización, llegará a sentirse más y más cómodo con una realidad completamente nueva.

Sin embargo, muchas personas que aún no han llegado a adquirir el hábito de la visualización piensan que tendrán problemas para lograr «ver» de una forma absolutamente clara las imágenes propuestas. Son personas que creen tener poca imaginación. La realidad, por el contrario, demuestra que todos tenemos algún grado de capacidad de imaginar. Cuando alguien a nuestro lado pronuncia una palabra, lo normal es que en nuestra mente aparezca una representación de esa palabra. El lenguaje hablado es la demostración de que todos poseemos la maravillosa cualidad de imaginar. Nosotros le proponemos que comience a establecer una nueva forma de comunicación: el diálogo consigo mismo.

Si, por ejemplo, se siente vacilante e inseguro ante la posibilidad de tener que hacer una propuesta difícil en el trabajo, puede visualizarse en situaciones en las que usted sea protagonista y verse delante de sus compañeros en una actitud serena y controlada. Por supuesto, también debe practicar cómo hablar en la realidad, además de hacerlo en la fantasía. Pero esa fantasía incrementará sus dotes naturales y su capacidad de éxito.

Entre estas páginas podrá, además, encontrar un considerable alivio para muchas de las molestias físicas más habituales hoy en día. Los dolores de espalda que no tienen ninguna causa fisiológica concreta, las jaquecas constantes, el cansancio crónico... encuentran su perfecto contrapunto en las visualizaciones y en su efecto más inmediato: la relajación y la remisión total del estrés. Para ello se ha contado en estas páginas con especialistas que cuentan sus propias imágenes únicas y han querido compartirlas con usted. Muchos de ellos son sanadores profesionales y maestros que han hallado métodos eficaces de ayudarse a sí mismos o a las personas que aman a encontrar la paz interior.

Cómo utilizar este libro

Si usted nunca ha practicado las imágenes guiadas o la meditación, no se preocupe. Todos hemos llegado a visualizar alguna vez y este libro ofrece una variedad de imágenes guiadas que pueden ser practicadas por cualquiera siguiendo algunas instrucciones sencillas. No se requiere ninguna preparación o curso especial. Si la plegaria forma parte de su vida, entonces ya ha experimentado lo que es la meditación. Por consiguiente, relájese y disfrute del viaje.

Tipos de meditación

Mientras la meditación tradicional requiere una mente tranquila e inactiva, las imágenes guiadas crean una escena o un grupo de escenas que se desarrollan para cumplir el propósito de la fantasía. Unas imágenes diseñadas para ayudarle a avanzar en su carrera podrían implicar escalar una montaña o encontrar su camino en un difícil sendero selvático. El objeto del viaje es ayudarle a orientarse psicológicamente para un logro, una curación, una relajación u otras numerosas áreas de cambio o crecimiento.

¿Dónde y cuándo debería meditar yo?

Estos viajes pueden experimentarse leyéndolos en silencio o en voz alta, solos o con un compañero. Puede que desee grabar los viajes en cintas magnetofónicas con su propia voz y volver a escucharlos en los momentos mejores para usted. También puede desear compartir estos viajes con un grupo.

La visualización puede efectuarse realmente en cualquier lugar: mientras está esperando en la consulta del médico, en un avión, durante una caminata o incluso sentado en su escritorio.

No obstante, estos viajes se practican mejor en un lugar tranquilo, sin interrupciones y en una posición relajada: acostado con los ojos cerrados, sentado en una silla o tal vez en el suelo con las piernas cruzadas y la espalda recta. No escoja una posición porque piense que debería hacerlo así; elija la que le resulte más cómoda.

La hora óptima para utilizar las imágenes guiadas es la que mejor le convenga. A menudo la gente utiliza viajes exaltadores, vigorizantes, para comenzar el día; imágenes tranquilizadoras, que alivian la tensión, para la pausa del mediodía; y visualizaciones relajantes, creativas, para la noche.

Los grupos de meditación son útiles para fomentar la creatividad en proyectos de trabajo y alentar a las personas a asociarse para actividades empresariales o comunitarias. Un grupo de niños excitables, revoltosos, también puede ser tranquilizado empleando la fantasía.

Pausas

Muchos viajes tienen una o más «pausas». El tiempo que dedique a estas pausas dependerá de sus propias experiencias: puede ser de unos pocos minutos o de una hora. Puede determinar la longitud de la pausa antes de comenzar o durante el viaje.

¿Qué pasa si me quedo dormido?

Algunas personas tienen experiencias tan relajantes que creen que pueden quedarse dormidas. Habitualmente no lo hacen pero, para asegurarse, puede apoyar uno de los codos de manera que si comienza a adormecerse su brazo lo despierte al caer.

Música

La música puede realzar los viajes, siempre que sea suave y no contenga cambios abruptos en el ritmo o el tono. Una sencilla música ambiental puede desarrollar o aumentar la capacidad de visualización.

Respiración y relajación

Todos los ejercicios contenidos en este libro brindan instrucciones básicas para la respiración profunda en el inicio de cada viaje. Sea consciente de que esta respiración no consiste en quedarse sin aliento o en la hiperventilación, sino en aspirar y espirar de manera profunda, lenta y controlada. La mayoría de la gente respira a partir de la parte media o superior del pecho, pero la respiración de relajación profunda procede de «respirar con el vientre». Aspire a través de la nariz y expanda su estómago. Cuando espire, contraiga su estómago y lleve suavemente el aire hacia arriba, a través de sus pulmones, haciéndolo salir por la nariz o por la boca, según lo prefiera.

Pero ¿qué pasa si no puedo visualizar?

Concédase autorización para visualizar. Permita a su mente jugar, crear y expandirse con las imágenes que ve. Tenga paciencia. Dígase: «Si pudiese visualizar algo, ¿cómo sería?».

Comience por practicar con objetos que le resulten familiares. Imagine una habitación de su casa, su lugar de vacaciones favorito o el retrato de una persona amada. Añada movimiento y color a la imagen, y permita a su mente que se sienta libre y vague a través de las representaciones que usted está creando. Practique esto como haría cualquier otra cosa y pronto será capaz de visualizar escenas fantásticas, imaginarias, que estimularán y realzarán sus viajes guiados.

Ahora vuelva a los viajes incluidos en este libro. Examínelos a la ligera y escoja los que sean mejores para usted en este momento. Puede que desee empezar leyéndolos en silencio para usted mismo y luego hacerlo en voz alta.

Disfrute de estos viajes, de sus maravillosas imágenes vívidas, de sus cualidades realzadoras de la vida y de su capacidad para ayudarle a lograr sus objetivos y deseos.

Masaje de ángel

Guía: Margot Escott

«Dedicado a todos los "ángeles" cariñosos que practican el arte del masaje terapéutico.»

Introducción

Con demasiada frecuencia el «trabajo corporal» es un aspecto descuidado de la recuperación de las adicciones. Este viaje es especialmente útil para la recuperación de los adictos a la comida. También resulta provechoso para personas que están aprendiendo a utilizar la visualización para la relajación. Algunos expertos consideran que muchas de las ventajas de la fantasía guiada derivan del aspecto de relajación profunda. Al centrarse en cada parte del cuerpo, usted experimentará una sensación de dónde y cuándo mantiene la tensión y de cómo liberarla.

Si bien este viaje no sustituye a las valiosas ventajas del masaje terapéutico, es un modo maravilloso de masaje «simulado» cuando no se dispone de otro. También resulta útil para iniciar a personas que, por una u otra razón, se han mostrado renuentes a probar el masaje. Este viaje puede ser el primer paso hacia la liberación de viejos miedos, permitiéndole experimentar el poder curativo del tacto.

El viaje

Ésta es una experiencia especial, un momento para liberarse y relajarse por completo. Haga unas pocas respiraciones profundas y diríjase a ese lugar donde se siente relajado y seguro. Cuando esté preparado, cierre los ojos. Cuando aspira, un bello color violeta entra a través de sus fosas nasales y baña todo su cuerpo. Cuando espira, expulsa un color que le permite eliminar todas las toxinas, toda la ansiedad, todo el miedo. Durante los momentos siguientes, usted aspira el bello color violeta, llevando paz y relajación a su cuerpo, y espira toda tensión o estrés.

Usted llega a ser consciente de una hermosa guía espiritual, tal vez en la forma de un ángel que brilla tenuemente. Éste es su ángel especial, que ha venido para invitarle a un lugar de descanso y relajación. Con dedos cariñosos y suaves, el ángel comienza a masajear la parte superior de su cabeza. Sienta que la parte superior de su cuero cabelludo es suavemente masajeada con cariñosos dedos angélicos, eliminando cualquier tensión innecesaria en la coronilla. Sienta el masaje yendo hasta su frente, eliminando cualquier arruga, línea o preocupación.

Amorosa y suavemente, el ángel masajea sus cejas y sus párpados, trayendo paz y relajación a sus ojos, a la zona alrededor de sus ojos, a su nariz, a sus mejillas, a la zona debajo de su nariz y alrededor de su boca, tal vez permitiendo a su boca relajarse aún más y dejando que su lengua se relaje en su boca. Ahora el ángel masajea suavemente sus orejas, acariciando amorosamente la parte externa e interna. Ahora sienta esos dedos suaves eliminando mediante el masaje toda tensión en su mandíbula. Con mucha frecuencia mantenemos tensa la zona de la mandíbula. Deje que su mandíbula se relaje y se libere. Sepa que mientras el ángel masajea la parte externa de su piel, el interior también es bañado por una luz espiritual curativa. Sienta al ángel masajeando la zona del cuello, trayendo alivio a esa zona y a todos los músculos internos de la garganta.

Ahora sienta que sus hombros son masajeados suavemente; libere toda tensión de los hombros: el hombro derecho, el hombro izquierdo, siguiendo hacia abajo hasta los brazos. El hombro derecho, la parte superior del brazo, el codo, el antebrazo, la muñeca, la palma de la mano y cada dedo de la mano derecha son masajeados amorosamente. Usted puede advertir ahora que su mano y su brazo derechos están muy relajados y tal vez los sienta pesados y cálidos. Nuevamente, deje que su imaginación se centre en su brazo izquierdo y sienta al ángel masajeando la parte superior del brazo izquierdo, la parte inferior, el codo, la mano izquierda, la palma de la mano, la punta de los dedos. Ahora su brazo izquierdo está muy, muy relajado. Quizás experimenta una sensación agradable, de pesadez y calor. Ahora permita a su ángel que masajee la zona del pecho, eliminando toda tensión y estrés en la parte interior de las costillas. Sienta esos dedos amorosos penetrar hasta llegar a la zona de su corazón e imagine que esa zona es bañada por una luz brillante y curativa.

Y permita al ángel que masajee el abdomen a fin de que los órganos internos –el hígado, los riñones, los intestinos– también reciban un masaje curativo. Sienta la mano amorosa masajear la zona de las nalgas, eliminando allí toda tensión o estrés. Sienta el masaje en el extremo inferior de su columna vertebral y sienta al ángel masajeando vértebra por vértebra, subiendo por la columna vertebral, radiándose a través de toda la espalda, llevando una relajación serena a toda esa zona. Ahora comience a sentir que el ángel masajea sus piernas, empezando en la parte superior de la pierna derecha. Sienta esos dedos amorosos y tiernos sobre la cadera y el muslo derecho, la rodilla derecha, detrás de la rodilla, la pantorrilla derecha. Sienta esos dedos amorosos y tiernos masajeando la zona del talón. Y ahora, el tobillo y los pies. La parte inferior de los pies y de los dedos. Cada dedo del pie recibe un suave masaje, desde el pulgar del pie derecho hasta el dedo meñique. Puede advertir que toda su pierna derecha se vuelve pesada y siente a través de ella una sensación agradable y cálida. Ahora sienta al ángel comenzar a masajear su pierna izquierda, el muslo izquierdo, la rodilla, la pantorrilla, el talón, el tobillo, el pie, la parte superior del pie, y nuevamente cada uno de los dedos del pie izquierdo, a fin de que toda su pierna izquierda se sienta apacible y relajada.

Si hay alguna zona en la que todavía soporta tensión y estrés, imagine a su ángel brindándole más atención en esa parte de su cuerpo. Ahora sea consciente de su ángel guiándolo en afirmaciones curativas positivas, permitiéndole alcanzar su bien más elevado y manifestar toda la belleza que tiene en su interior. «Estoy en paz. Estoy sereno. Amo y acepto a mi cuerpo tal como es en la actualidad. Todo mi cuerpo está actuando de manera apacible y uniforme.»

Todos los vasos sanguíneos y las células, el esqueleto y los músculos están funcionando como deben.

Si hay alguna zona en la que necesite amor y atención adicional, dése su propia afirmación para esa parte del cuerpo ahora. En un momento su ángel se marchará. Sepa que puede volver a traer al ángel de la relajación y del masaje celestial y angélico simplemente cerrando los ojos, relajándose, aspirando el color violeta y espirando todo lo que no necesita en ese preciso momento. Mientras contamos de uno a tres, usted se encontrará llegando a estar más y más despierto y alerta, sintiéndose renovado y formando una unidad con su cuerpo, su mente y su espíritu. Uno, dos, tres.

Margot Escott es asistente social y ejerce la práctica privada en Naples, Florida, donde utiliza la visualización y la fantasía guiada para el manejo del estrés, el control del dolor y la recuperación de enfermedades adictivas. En 1992 recibió una subvención nacional de parte del Proyecto Humor por su trabajo en el Humor Cart en el Naples Community Hospital. Presenta talleres en todo el territorio de Estados Unidos sobre «Curación con humor y juego», «Descubriendo a su niño interior» y «Visualización para el éxito».

Liberación de la ira

Guía: Jule Scotti Post

«Libere su ira y dispóngase a crear lo que quiere para usted.»

Introducción

Este viaje fue creado porque la ira supone un problema para muchísima gente. En medicina china la emoción de la ira está asociada con el elemento de la madera. Éste es el elemento de la época primaveral del crecimiento, la creatividad y la visión. La fantasía refleja el movimiento a través de la liberación de la ira hacia la visión creativa, que queda en disposición de surgir desde dentro cuando ya no estamos bloqueados por la ira no curada. Muchas personas han descubierto que es útil tener una explicación del flujo de energía en torno al ciclo de los elementos según la medicina china; para estas personas sus pautas emocionales tienen más sentido.

Esta fantasía da autorización a las personas para sentir y liberar esta ira. Se emplea mejor en conjunción con otros enfoques que facilitan las expresiones externas de ira que se han guardado dentro, tal vez durante años. El hecho de dirigir su ira hacia un resultado positivo aumenta el potencial curativo de este proceso.

El viaje

Tómese este tiempo para usted: para curarse, liberarse, relajarse y armonizar con su ser interior. Comience llevando su atención hacia la parte inferior de su cuerpo, desde la cintura para abajo. Ahora, mientras cuenta lentamente de uno a siete, tense todos los músculos de su estómago, región lumbar, muslos, pantorrillas, pies y dedos de los pies. Mantenga esta tensión. Mientras efectúa la cuenta descendente de siete a uno, libere esta tensión en forma gradual de modo que todos los músculos, desde su cintura hacia abajo, hasta sus pies, lleguen a estar profundamente relajados.

Pausa

Ahora lleve su atención hacia la parte superior de su cuerpo, desde su cintura hacia arriba. Mientras cuenta de uno a siete, tense todos los músculos de su pecho, de su espalda, de sus brazos y de sus manos; de sus hombros, de su cuello, de su cabeza y de su rostro. Mantenga esta tensión. Mientras efectúa la cuenta descendente de siete a uno, libere de forma gradual toda esta tensión de modo que todos los músculos de su cintura hacia arriba, hasta su cabeza, lleguen a estar profundamente relajados.

Pausa

Ahora que su cuerpo se siente profundamente relajado, represéntese en su imaginación en una situación que le haga sentirse muy airado. Vea la situación claramente. Tal vez haya personas implicadas. Observe dónde está y lo que está diciendo u oyendo decir, y si es apropiado. Permítase entregarse plenamente al momento de esta experiencia. Ahora sea consciente de cómo siente esta ira en su cuerpo. Quizás es un retortijón en el estómago, una opresión en la garganta o una fuerte presión en la cabeza. A veces cuando estamos muy airados sentimos ganas de llorar.

Pausa

Cuando se haya liberado de su ira, puede sentirse preparado para avanzar hacia el perdón. Si es así, visualice a la persona o personas que provocan sus sentimientos de ira. Ahora véalos completamente rodeados de luz. Repítase la frase: «Te perdono y me perdono a mí mismo». Continúe hasta que pueda decirlo de todo corazón. Sienta el alivio que el perdón lleva a su ser interior.

Pausa

Ahora es el momento de liberarse de la ira. Es el momento de dejar atrás esos sentimientos que lo mantenían atascado, bloqueando su crecimiento. Permítase pasar a otro momento. A la época primaveral en un bello jardín florido, rodeado por cerezos y manzanos en flor. Mientras desciende el camino pavimentado entre los macizos de flores ve una gran variedad de colores, los de sus flores favoritas. Mira detenidamente para ver qué flores son. Cuando aspira profundamente, siente el aire cargado de la dulce fragancia de los pimpollos y las flores; oye cantar a los pájaros. Ahora llega hasta un banco de madera bellamente tallado. Se sienta en él, en silencio, sintiendo la resistente fortaleza de la madera, la suave textura de su superficie. Recoja la serenidad del jardín. Deje que su mente descanse en los pensamientos del futuro que le gustaría crear para usted cuando se sienta libre de sentimientos airados que nublan su visión interior. Usted tiene el poder de decidir, de elegir, de planificar su propio crecimiento. Libere su energía creativa y disfrute todo lo que llegue hasta usted.

Pausa

Gradualmente, empiece a volver a su cuerpo, a la habitación que le rodea, al día, a la hora del momento presente. Cuando abra los ojos recuerde la llamada de sus visiones interiores y entre en su vida con fuerzas renovadas, enraizado en su ser interior, creciendo hacia la luz.

Manejo del estrés

Guía: Jule Scotti Post

El viaje

Comience el proceso de relajación haciendo algunas respiraciones profundas. Cuando espire, libere cualquier tensión que haya en su cuerpo. Deje que fluya saliendo de usted con cada respiración. Cuando aspire, reciba oxígeno nutritivo, dador de vida, y véalo fluir por todo su cuerpo, llevando energía nueva a cada célula. Cuando aspire reciba calma, serenidad y relajación profunda. Cuando espire, libérese más y más. Déjese hundir más y más profundamente en la relajación.

En su imaginación, represéntese una bola

pequeña de luz radiante que descansa sobre la coronilla de su cabeza. Vea a esa luz fluyendo en torno a la coronilla y a la zona posterior de su cabeza. Deje que cualquier tensión que haya en los músculos de su cabeza se diluya en esa cálida luz que fluye. Deje que todos esos músculos lleguen a estar profundamente relajados. Vea esa luz fluyendo alrededor de su rostro, a través de su frente, en torno a sus ojos, en su mejillas y descendiendo por su mentón. Deje que toda la tensión que haya en los músculos de su rostro se diluya al calor de esa luz que fluye. Deje que todos esos músculos lleguen a estar profundamente relajados. Ahora vea esa luz fluyendo alrededor de su cuello, en torno a la parte posterior y anterior de su cuello. Deje que toda tensión que haya en los músculos de su cuello se diluya al calor de esa luz que fluye. Deje que todos esos músculos lleguen a estar profundamente relajados. Ahora vea esa luz fluyendo por sus hombros, alrededor de sus omóplatos, del centro de su espalda y de su región lumbar. Deje que toda tensión en los músculos de su espalda se diluya al calor de esa luz que fluye. Deje que todos esos músculos lleguen a estar profundamente relajados. Ahora vea esa luz fluir descendiendo por sus brazos, alrededor de la parte superior de sus brazos y de sus antebrazos, a través de sus manos y entre sus dedos. Deje que toda tensión en los músculos de sus brazos y de sus manos se disuelva al calor de esa luz que fluye. Deje que todos esos músculos lleguen a estar profundamente relajados.

Ahora vea a esa luz fluyendo alrededor de su pecho, descendiendo alrededor de su estómago y a través de sus caderas. Deje que toda tensión en los músculos de estas zonas se diluya al calor de la luz que fluye. Deje que todos los músculos lleguen a estar profundamente relajados. Ahora vea esa luz fluyendo hacia sus piernas, alrededor de sus muslos y de sus rodillas, en torno a sus pantorrillas y tobillos. Deje que toda tensión en los músculos de sus piernas se diluya al calor de esa luz que fluye. Deje que todos esos músculos lleguen a estar profundamente relajados. Ahora vea esa luz fluyendo alrededor de sus pies, a través de las plantas de sus pies y sobre el empeine de sus pies, entre los dedos de sus pies. Deje que toda tensión en los músculos de sus pies y en los dedos de sus pies se diluya al calor de esa luz que fluye. Deje que todos esos músculos lleguen a estar profundamente relajados.

Pausa

Ahora vea todo su cuerpo rodeado de luz. Mientras se libera más y más, siéntase flotando en la luz. Ahora vea esa luz llenando su cuerpo, llenando los dedos de sus pies y sus pies, llenando sus pantorrillas y sus muslos, llenando su estómago, su pecho, su espalda. Vea esa luz llenando sus brazos, sus manos y los dedos de sus manos, llenando su cuello, su cabeza y su rostro. Si hay alguna zona de su cuerpo en la que todavía sienta tensión o molestia, lleve la luz hasta allí. Vea la luz fluyendo en los músculos y en los tejidos, disolviendo la tensión, fundiendo las molestias y dejando a esos músculos profundamente relajados. Ahora vea a esa luz penetrando más y más profundamente en el centro de cada célula, restableciendo el equilibrio, creando armonía, dejando a toda esta zona sintiéndose muy bien y profundamente relajada. Deje que la luz continúe fluyendo alrededor de esta zona incluso cuando usted no sea consciente de ello, disolviendo toda tensión aún antes de que usted la sienta, a fin de que, durante el día y a lo largo de toda la noche, pueda sentir esta zona muy tranquila y profundamente relajada.

Ahora, para profundizar el proceso curativo, pase a una imagen que es muy estresante. En su imaginación represéntese una piedra enorme y pesada descansando sobre sus hombros. Sienta cuán pesada es esta piedra mientras lo aplasta bajo su peso. Sienta que se tambalea en su esfuerzo por mantenerse sobre sus pies. Vea los colores de la piedra. Es una gran piedra de colores gris y negro. Sienta lo cansados y tensos que están sus músculos por soportar el peso de la piedra. Vea cómo los músculos doloridos de sus hombros presentan un color rojo. Vea cómo los músculos están contraídos debido a la tensión de soportar todo ese peso.

Sea consciente de cómo se siente. Sienta la ansiedad, sienta la molestia y esté receptivo a la intensidad de esta experiencia, cuando trata de llevar una carga que excede a lo que usted puede manejar.

Ahora, represéntese en su imaginación en un bello día de sol. Vea a la poderosa luz blanca de los rayos del sol comenzando a disolver la piedra. Vea a la piedra desintegrándose en pedazos, cayendo al suelo. Vea a la luz disolviendo la piedra hasta que sólo queda un puñado de arena. Y hasta la arena se disipa al ser llevada por el viento. Experimente el alivio en todo su cuerpo cuando se endereza. Sienta el alivio en todos los músculos de sus hombros cuando son liberados de esa carga. Ahora vea a la luz blanca fluyendo alrededor de sus hombros, relajando los músculos, enfriando los músculos. Vea que el color rojo lentamente va convirtiéndose en un saludable rosado. Esos músculos que estaban contraídos se vuelven laxos y flojos. Sea consciente de lo bien que se sienten ahora sus hombros, de lo bien que se siente todo su cuerpo. Usted mantiene la cabeza alta. Simplemente, disfruta estando al aire libre a la luz del sol en este hermoso día.

Pausa

Ahora que su cuerpo se siente tan bien, elija algo que realmente le gustaría hacer. Represéntese en un bello lugar en medio de la naturaleza. Vea qué época del año es, qué hora del día. Cuando mire a su alrededor, sea consciente de los colores y formas y del paisaje o panorama marino. Sienta el calor del sol sobre su rostro y sus hombros. Cuando aspire profundamente, huela cualquier fragancia que flote en el aire. Escuche cualquier sonido que pueda oír en este bello lugar. Los sonidos de la naturaleza están a su alrededor. Sea consciente de cómo se siente su cuerpo. Sea consciente de sus emociones cuando pasan a través de usted. Tal vez sienta la serenidad y alegría. Permítase sentirse en armonía con las obras de la creación que se hallan a su alrededor. Ahora tómese un poco de tiempo para disfrutar plenamente cualquier actividad que haya elegido emprender.

Pausa

Ahora, en forma gradual comience a regresar, trayendo con usted esos sentimientos de serenidad y relajación, sabiendo que éste es un lugar al cual puede retornar siempre. Si es hora de ir a dormir, déjese arrastrar hacia sus sueños. Si es hora de emprender las actividades cotidianas, de manera progresiva vuelva a ser consciente de su cuerpo acostado o sentado. Sea consciente del espacio que lo rodea. Sea consciente de cómo se siente ahora. Cuando se sienta preparado, puede abrir los ojos y mirar a su alrededor. Puede que quiera mover los dedos de las manos y de los pies para ayudarse a estar más plenamente consciente de su cuerpo. Sea plenamente consciente de usted, despierto, alerta y preparado para continuar con sus actividades cotidianas.

«Utilizo esta fantasía guiada para ayudar a la gente a manejar su estrés, para liberar, para aliviar la tensión muscular, para hacer que el poder de la fantasía se enfrente al estrés y genere serenidad y relajación. Las imágenes de la naturaleza son una parte esencial del manejo del estrés.»

Jule Scotti Post

Sueño del ocaso

Guía: Jule Scotti Post

*«Ahora el sol está tocando el horizonte,
y su cuerpo también está hundiéndose
más y más hondo en la paz, en la calma.»*

Introducción

Utilizo esta fantasía para aquellas personas a las que les resulta difícil dormirse. A veces la gente tarda de una a dos horas en quedarse dormida. Con esta inducción al sueño, suelen dormirse al cabo de diez minutos y duermen más profundamente toda la noche.

El viaje

Usted está tendido en la cama, sintiendo la almohada debajo de su cabeza y las mantas a su alrededor. Puede que quiera moverse hasta sentirse completamente confortable. Puede sentir el peso de su cuerpo cuando se hunde en el colchón. Su respiración es suave y profunda, y cada vez que espira, se hunde más profundamente en la cama, más profundamente en el descanso, más profundamente en la serenidad.

Ahora en su imaginación represéntese sentado en la parte oeste de la playa, donde el sol se pone sobre el océano. Puede ver el sol rojo hundiéndose lentamente cuando unas líneas de rosa y naranja iluminan el cielo. Los colores gris y púrpura de la tarde extienden oscuridad a través del océano y usted puede ver rayos de rosa y oro reflejados sobre la superficie del agua. Las gaviotas se han alejado. La gente que se amontonaba en la playa al calor del día se ha ido a casa. Usted está aquí solo en la calma apacible cuando el sol desciende más y más. Puede oír las olas llegando y rompiéndose en la orilla. Ahora el sol está tocando el horizonte y su cuerpo también está hundiéndose más profundamente y más profundamente en la paz, en la calma. Ahora el sol desciende debajo del horizonte hasta que sólo puede verse el contorno de un rojo dorado, hundiéndose más profundamente, lentamente más profundamente, hasta que desaparece por completo. Sólo queda sobre el océano un radiante resplandor rosado. Y usted también está hundiéndose, comenzando a dejarse llevar, a flotar, a fluir en sueños de suaves olas oceánicas y de profundo descanso.

Mientras usted se hunde más profundamente en su mente, su mente consciente todavía puede percibir los sonidos a su alrededor en la habitación mientras su mente inconsciente está preparando una noche de dulces sueños. Su mente consciente todavía puede percatarse de su cabeza descansando sobre su almohada, mientras al mismo tiempo su mente inconsciente está invitándolo a dejarse arrastrar hacia el sueño. Su mente consciente puede percatarse de la oscuridad en la habitación y del silencio en la casa. Su mente inconsciente continúa cuidando de su bienestar. Su mente inconsciente es infinita, y renueva su fuerza y energía. Su mente inconsciente se libera de todas sus preocupaciones y problemas, y restablece el entendimiento apacible y claro. Su mente inconsciente está preparada para recibirlo cuando usted se hunda en un sueño profundo y reparador. Y por la mañana, después del descanso de una larga noche, usted se despertará sintiéndose relajado, renovado y alerta.

Jule Scotti Post es psicoterapeuta y trabaja en una clínica médica en Maryland. Trata a pacientes con dolor crónico, estrés y cáncer utilizando biofeedback, relajación profunda y terapia de grupo. Tiene un máster en psicología de asesoramiento y acredita preparación en dinámica de grupos, fantasía y música guiada, meditación, medicina china e hipnoterapia.

Bote vacío

Guía: Liz Bachtel

«De manera segura y respetuosa contenga sus pensamientos y sentimientos hasta que esté preparado; si ya lo está, la elección es suya.»

Introducción

Este viaje guiado es efectivo para aquellos momentos en que es necesario centrarse, pero los acontecimientos del día, las tensiones o los problemas nos impiden hacerlo. Mediante la práctica del «bote vacío», de manera respetuosa usted puede apartar los pensamientos que lo lleven a abstenerse del trabajo, de emprender tareas o relaciones. Este viaje fue creado para ayudarme a mí misma y a otros estudiantes a pasar por los rigores de la escuela de graduados, donde teníamos muchísimas páginas para leer y escribir. Esta fantasía ofreció un lugar seguro para almacenar mis pensamientos y sentimientos con el objeto de salir de viaje y tener el trabajo hecho.

El viaje

En primer lugar, descruce las piernas, brazos o manos y afloje todo lo que sienta que aprieta o constriñe, como cuellos, cinturones, zapatos o joyas. Mantenga la columna vertebral recta, los hombros relajados, los pies en contacto con el suelo; deje que la silla sostenga su cuerpo. Mientras vamos hacia adentro para centrarnos en la respiración, le invito a permitir que sus ojos se cierren... Suavemente, lleve su conciencia hacia su respiración, comience por relajarse ahora mientras aspira y espira, aspira y espira... Observe la maravilla de su respiración: fría contra la parte posterior de su garganta cuando aspira, caliente cuando espira; observe, relájese, respire.

Cuando llegue a sentirse más relajado, respire más profundamente, más lentamente. Ahora permita a su respiración que se desplace a otras partes de su cuerpo para localizar y disipar su tensión. Su cuello y sus hombros acumulan muchísima. Aspire, y con su próxima respiración espire esa tensión. Brazos, manos y dedos que trabajan tanto; aspire en reconocimiento de lo que hacen y espire esta tensión. Ahora desplácese a su pecho. Aspire en agradecimiento por su corazón y sus pulmones, espire cualquier tirantez. Ahora desplácese suavemente hacia su vientre, permítale estar blando, deje que su respiración suba desde su vientre y espire profundamente desde esta parte intuitiva de usted. Observe las nalgas y permita a la silla que lo sostenga. No tiene que hacer nada. Aspire en una posición de descanso y relajación. Observe piernas, muslos, rodillas, pantorrillas, tobillos y considere lo bien que lo han llevado hoy. Aspire dando las gracias. Espire su cansancio. Sea consciente de sus pies, de los dedos de sus pies, de cuán fuertes y sustentadores han sido. Ahora deje que el suelo aguante sus pies, que tan bien lo han sostenido... respire profundamente y relájese.

Ahora, cuando respire, permita que su aliento se desplace ligeramente sobre todo su cuerpo, disipando cualquier residuo de tensión. Usted se relaja más y más profundamente con cada respiración.

Ahora, muy suavemente, desplácese hacia su mente, su tercer ojo. Visualice, si lo desea, un bote de vidrio transparente. Está vacío. Observe ahora cómo desenrosca la tapa y la quita. Mire detenidamente el bote vacío, llegue a ser consciente de que está esperando que esté lleno. Ahora tome las obligaciones, las ocupaciones del día, sus actividades, su trabajo, sus numerosas tareas, su prisa, su viaje, sus aprensiones, su ansiedad, sus preocupaciones, su dolor. Ahora observe cómo, uno a uno, los coloca dentro del bote. Continúe hasta llenarlo con cualquier resto de actividad del día. Atenta y deliberadamente, vuelva a colocar la tapa al bote. Dé a la tapa una vuelta adicional.

Ahora respire profundamente y observe que se pone de pie y comienza a llevar el bote hacia una puerta. Abre la puerta. Fuera, en el peldaño del porche, hay un cubo de basura de aluminio, grande y reluciente. Levante la tapa del cubo y coloque dentro su bote. Sepa que puede disponer de él ahora y para siempre... o regresar a buscarlo en otro momento, si lo desea. Vuelva a colocar la tapa al cubo de basura, dé la vuelta y diríjase nuevamente a la puerta. Cierre la puerta y regrese a su silla.

Una vez más llegue a ser consciente de su respiración. Usted se halla en el aquí y ahora, preparado para estar presente, plenamente renovado; relajado en cuerpo y en mente.

Ahora respire tranquilamente durante unos pocos momentos más y cuando se considere preparado comience a efectuar movimientos pequeños y suaves. Deje que su cuerpo empiece a despertar y, cuando esté preparado, abra los ojos.

Liz Bachtel tiene un máster en asesoramiento holístico y en la actualidad se halla entregada a estudios de dedicación plena con vistas a doctorarse en psicología clínica. Disfruta de manera especial trabajando con adolescentes y mujeres.

Liberarse

Guía: Karen Carnabucci

«Un modo de obtener nueva conciencia sobre sí mismo, su trabajo y su vínculo emocional con los demás.»

Introducción

Esta fantasía fue creada para el programa de un taller experimental de reducción del estrés dirigido a maestros que asesoran a estudiantes y consejeros que trabajan con jóvenes de alto riesgo. No obstante, puede resultar útil para enseñar a cualquiera el proceso de «liberación» del apego al trabajo o de la vinculación emocional con los demás.

El viaje

Cierre los ojos y comience respirando de manera profunda y uniforme. Permita a su cuerpo que se libere de la tensión que ha estado acumulando, comenzando por el cabello y el cuero cabelludo. Ahora libere la tensión en la frente y en los ojos, desplazándose hasta la mandíbula y liberándola, luego hasta el cuello y liberándolo.

Ahora libere la tensión en los hombros, en la parte superior del cuerpo, en los brazos, en los codos, en los dedos de las manos. Desplácese ahora hasta el estómago y el abdomen liberándolos también. Luego libere la tensión en la pelvis y en la zona genital.

Continúe liberando la tensión ahora en las piernas, en las rodillas, en los tobillos, en los pies y en los dedos de los pies; y mientras continúa respirando, siéntase relajado y preparado para el paso siguiente.

En su imaginación, vea el rostro de una persona con quien ha tenido dificultad para liberarse, mental o emocionalmente.

Pausa

Ahora vea a esa persona, prestando atención a la expresión de su rostro, al modo en que va vestida, y observe cómo se siente cuando se enfrenta a ella. ¿Cómo se siente emocionalmente? ¿Qué siente en su cuerpo? ¿En qué parte de su cuerpo?

Pregúntese ahora cuán dispuesto está a liberarse de su vínculo con esa persona y por qué período de tiempo. ¿Es por hoy, por este fin de semana o por un período de tiempo más prolongado? Observe qué sentimientos están conectados con esta pregunta y cuáles son tenidos en cuenta en su respuesta.

Pausa

¿Esta persona le habla o tiene algún mensaje para usted? ¿Siente necesidad de responder? Ahora diga cualquier cosa que necesite decir a ese individuo. Observe si hay una réplica y tómese un momento para decidir si necesita decir alguna otra cosa.

Pausa

Rodee a esta persona con una burbuja de luz. Observe el color que selecciona para esta luz y la sensación que produce el hecho de tener a esa persona rodeada por esa burbuja...

La burbuja se convierte en un balón y el balón y la persona que está dentro de él flotan alejándose de usted. Usted llega a ser consciente de que la burbuja está unida a un cordel o cuerda que está atada a usted. Observe el color, la calidad, la construcción y la resistencia de la cuerda. Observe también cómo este cordel o cuerda está atada a usted y la sensación que experimenta al estar sujeto de tal manera.

Pausa

Ahora es el momento de cortar la cuerda que lo ata al otro. Observe cómo se siente al considerar la idea de hacer este corte.

¿Necesita decir alguna otra cosa a esa persona antes de cortar? ¿Hay una réplica?

Pausa

Corte la cuerda ahora y, mientras lo hace, observe qué se siente emocional y físicamente al emprender esa acción. Permítase respirar en estos sentimientos ahora y considérelos como reales e importantes para usted en este momento.

Cuando se sienta preparado, regrese a esta habitación y abra los ojos.

Karen Carnabucci es una terapeuta especializada en terapias experimentales, incluyendo el psicodrama, la escultura familiar y la fantasía; trabaja con hijos adultos de alcohólicos y familias disfuncionales. Antigua columnista y editora de periódicos, es terapeuta consejera en Caron Family Services, afiliada con Caron Foundation, un centro de tratamiento de la droga y el alcohol internacionalmente reconocido que funciona en Wernersville, PA. Recientemente colaboró en la obra Intimacy, The Quest for Connection.

Alfombra mágica

Guía: Karen M. Thomson

«Un viaje imaginario que brinda unas mini-vacaciones.»

Introducción

Sin abandonar su casa en ningún momento, usted puede utilizar este viaje para «apartarse» de todo. Y tenga la seguridad de que regresará renovado, rejuvenecido y en paz. Es maravillosamente simple conectar con nuestra paz interior cuando nos tomamos tiempo –al menos una vez al día– para dejar atrás las preocupaciones y las responsabilidades y viajamos, utilizando la imaginación, tan lejos como deseemos. Cuando volvamos a entrar en la realidad corriente después de haber hecho el viaje, podemos manejar nuestras vidas con vigor renovado. Usted puede usar la «alfombra mágica» como un vehículo para un viaje encantado adentrándose en el cosmos.

El viaje

Estírese sobre el suelo con los pies colocados a una distancia de unos treinta centímetros y los dedos de los pies separados entre sí. Coloque las manos a una distancia de unos sesenta centímetros de su cuerpo, con las palmas hacia arriba. Desde la base de la columna vertebral hasta la parte superior de la cabeza usted está en línea recta y se siente muy relajado. Esta es una posición de descanso que en yoga se llama «la esponja», o «el cadáver», y en esa posición usted está completamente relajado.

Abandónese a una respiración muy lenta y profunda. Cuando aspire, cuente, lentamente, hasta el final de la aspiración. Contenga la respiración hasta la mitad de la cuenta que hizo al aspirar. Cuando esté preparado para espirar, cuente hasta el mismo número de su aspiración. Antes de volver a aspirar, cuente hasta la mitad de la aspiración. Por ejemplo: aspire uno, dos, tres, cuatro, cinco, seis; contenga uno, dos, tres. Espire uno, dos, tres, cuatro, cinco, seis; contenga uno, dos, tres. Mantenga la concentración en su respiración y respire tanto tiempo como desee. Permita que el suelo lo sostenga mientras usted, con cada respiración que efectúa, entra en un estado de relajación más y más profundo y también en una mayor conciencia de una sensación muy apacible que está comenzando a experimentar.

Pausa

Mientras la meditación continúa y usted entra en un estado alterado de conciencia, sepa que puede salir de él en cualquier momento simplemente abriendo los ojos.

Sintiéndose muy sosegado y completamente relajado, imagine que se llena y se rodea de una bella luz blanca que permanecerá con usted, protegiéndolo, guiándolo, bendiciéndolo y curándolo. Donde hay luz, no puede haber ninguna oscuridad. Usted llega a estar tan relajado que se siente muy, muy liviano, tan liviano como una pluma, de hecho, más liviano que una pluma. La sensación es más parecida a ser un globo de helio, tan liviano que usted podría elevarse suavemente hacia el cielo raso. Ahora imagínese sobre una alfombra mágica que está levantándolo, pues usted siente que, de manera gradual y suave, asciende hacia el cielo raso, flotando hacia arriba. No hay miedo, pues usted se halla completamente protegido por la luz pura y blanca, en este estado aéreo de conciencia. Usted es tan liviano que ahora flota a través del cielo raso y del techo, y sube por encima de los árboles hacia el cielo. Si le gusta, puede mirar atrás hacia el lugar del que ha salido: en forma gradual, las partes superiores del techo y de los árboles van haciéndose más pequeñas y aparecen como lo harían si usted estuviese en un avión.

Pausa

Estírese sobre su alfombra mágica mientras se desliza hacia arriba, más y más, y ahora avanza a través de una nube. Emerge de la nube y siente el calor de los rayos del sol sobre su rostro calentando todo su cuerpo. Cada célula de su cuerpo aspira este calor, esta luz dorada que las equilibra, las cura y las rejuvenece. Ahora se halla tan alto, que mira hacia atrás en dirección a la Tierra y ésta se parece a una bella pelota de luz. Ahora vea la Tierra rodeada de una bella luz rosada.

Pausa

Cuando esté preparado para regresar, sienta que la alfombra mágica comienza a efectuar un lento descenso mientras flota de aquí para allá, muy suavemente, en su regreso a la tierra. Hay una bella y suave nube ondulante, que usted atraviesa, graciosa y tranquilamente, en su descenso. Las copas de los árboles se vuelven visibles cuando usted mira por encima del borde de la alfombra mágica, que continúa descendiendo lentamente. Cuando aparece a la vista su techo, usted siente una inmensa gratitud por el paseo de la alfombra mágica. Ha sido un «tiempo de descanso» para usted y regresa relajado, libre, preparado para hacer frente a sus responsabilidades y obligaciones. Ahora note cómo baja con tranquilidad a través de su techo y ocupa suavemente su lugar en el suelo donde inició su viaje. Haga una respiración profunda y sea consciente de su cuerpo y del hecho de que ha sido energizado, rejuvenecido, descansado y está preparado para ir al lugar al que necesita ir. Haga una respiración profunda, abra los ojos ¡y continúe estando en paz!

Respiración curativa

Guía: Karen M. Thomson

«La utilización de la respiración estimula la relajación y la curación»

Introducción

Encuentre un lugar confortable para practicar su meditación, tal vez al aire libre (si las condiciones climáticas y la privacidad lo permiten) y quizás un par de lugares en el interior. Puede acostarse o sentarse, como prefiera, siempre que la columna vertebral, el cuello y la cabeza se hallen en una línea recta y todo su cuerpo esté relajado. Encender una vela, hacer sonar una campanilla, quemar algo de incienso o poner música relajante puede utilizarse para indicar que ha comenzado su momento de meditación. También puede ser una ayuda para la meditación sostener un cuarzo rosa o una amatista, o tener cerca una cruz o una estrella de seis puntas o cualquier símbolo o piedra que sea significativa para usted. Ésta es una meditación favorita en mis clases de yoga y meditación debido a la maravillosa relajación y sensación de bienestar que provoca.

El viaje

Cuando esté preparado para comenzar, adopte una posición cómoda con cualquiera de los auxiliares para la meditación que desee utilizar (o ninguno, si ésa es su preferencia). Cierre los ojos y empiece a respirar muy lenta y profundamente. Mientras continúa con sus pensamientos al respirar, desintonice todas las percepciones sensoriales. Cuando entren en su mente otros pensamientos para rivalizar por su atención, reconózcalos amablemente y permítales salir de su mente mientras usted presencia en silencio cualquier reacción emocional o mental. Su yo espiritual, su yo más elevado, su «yo Dios» ahora está completamente en control de la situación, y su yo y sus pensamientos mundanos tienen un «tiempo de descanso» durante sus meditaciones. Su tiempo de meditación es la cita de suma importancia que ha concertado con usted mismo para centrarse espiritualmente y rejuvenecer. De este modo, cuando otros pensamientos llegan a su mente, reconózcalos y libérelos de manera decidida y firme. La prioridad máxima ahora es su tiempo de calma y cuando regrese de su meditación manejará cualquier responsabilidad que tenga probablemente mejor, habiendo tenido tiempo para renovarse y centrarse física, emocional, mental y espiritualmente a través de esta práctica.

Respire lenta y profundamente durante los próximos minutos. Con cada respiración que realice sienta que llega a estar más y más relajado. Cuando aspire, imagine que llena su cuerpo con luz y energía y que todo eso es positivo. Cuando espire, libérese de todo y sepa que está eliminando toxinas del cuerpo, toda ansiedad y frustraciones, y cualquier oscuridad, enfermedad o molestia.

Las inhalaciones y las exhalaciones son igualmente importantes, de modo que aspire profundamente todo lo que es positivo y espire con la misma intensidad lo negativo que no quiere o no necesita. Volviendo sus pensamientos hacia adentro, céntrese en toda concentración sobre su respiración. Cuando inhale, aspire la luz de Dios, el amor y el poder curativo; cuando exhale, alivie, relaje y libere, de manera total y completa.

Imagine un balón de luz blanca encima de su cabeza. Este balón es una esfera de luz blanca turbulenta, una luz curativa. Imagine que la coronilla de su cabeza se abre como si fuese el capullo de una flor, como una flor de loto. En su próxima inhalación, aspire la luz blanca a través de la coronilla de su cabeza y cuando la luz fluya hacia su cabeza y baje a través de su cuello y de sus hombros, llevará con ella una sensación de calor. Mientras la cálida luz blanca llena en forma gradual su cuerpo, desciende por los brazos y sale por la punta de los dedos. Exhale cuando lo necesite. Mientras continúa inhalando, siga aspirando la luz, que prosigue su camino de descenso por su cuerpo: la parte superior del pecho, bajando por la espalda y la columna vertebral, descendiendo por el estómago y la zona pélvica, las caderas, los muslos. La luz que usted trae a su cuerpo está curando, equilibrando, rejuveneciendo cada célula de su cuerpo –cada órgano, hueso, músculo, tendón, tejido, articulación, todos los fluidos corporales–, cada parte de su cuerpo. Si hay alguna parte de su cuerpo en la que exista molestia, centre la luz allí hasta que pueda ver esa zona del cuerpo colmada y rodeada de luz, y completamente bien, curada y en armonía con el resto del cuerpo. Continúe aspirando la luz y viéndola descender por ambas piernas, rodillas, pantorrillas, tobillos, pies; saliendo por los dedos de los pies. Ahora vea al cuerpo como enteramente colmado de luz. Exhale, pero continúe viendo al cuerpo lleno de luz, paz y amor.

Vuelva a aspirar profundamente más de esa luz, a fin de que ahora no sólo llene todo el cuerpo, sino que también se extienda hacia afuera del cuerpo a una distancia de poco más de un metro. Vea al cuerpo colmado y rodeado por esta luz blanca y curativa, que es protección, paz, amor y energía positiva.

Observe cómo se siente ahora. Haga una respiración profunda y sienta cuán relajado está. Nuevamente, aspire y dé al cuerpo un buen estiramiento mientras tensa cada músculo de su cuerpo. Espire y relájese. Aspire y, otra vez, estire, tense cada músculo tanto como pueda, y espire y relájese, liberando. Sea consciente de su estado apacible y de la profunda sensación de bienestar que es una parte de usted. Mientras expresa gratitud por los beneficios de la meditación que acaba de experimentar, abra los ojos. Cuando vuelva a entrar al mundo de la actividad humana, tenga una sensación de renovación, de conciencia realzada, una maravillosa sensación de bienestar, a la que puede regresar en cualquier momento simplemente cerrando los ojos, efectuando unas pocas respiraciones lentas y profundas, y recordando cómo se siente en ese momento.

Karen M. Thomson trabaja en el sistema universitario de Georgia como administradora y profesora de inglés. Paralelamente a su carrera académica, trabaja como maestra/sanadora de la Nueva Era, cuyas experiencias durante los últimos veinte años han incluido conferencias, clases y talleres sobre yoga y meditación, interpretación de los sueños y metafísica, muchos de ellos en los programas de educación continua en escuelas para adultos.

Lugar chamánico

Guía: Janet Doucette

«Dentro de cada uno de nosotros hay un lugar especial, un lugar chamánico, donde existen la paz y la belleza.»

Introducción

En este viaje se crea un lugar privado de curación y paz. Es el lugar al que uno puede ir para experimentar el yo integral. El catalizador para este viaje fue un jardín que seguía apareciendo en mis meditaciones personales. Con él llegó una sensación de paz absoluta y la percepción de mí misma como un todo. Comenzando con este lugar y regresando a él, muchas personas han dicho que sus fantasías son más fáciles de entender y más rápidamente asimiladas porque el jardín es un lugar familiar. Creo que ayuda a la persona a «ser dueña» del viaje completo y esta elección de palabras es muy positiva. Muchas personas descubren que cuando progresan espiritualmente, este jardín cambia junto con su crecimiento personal.

El viaje

Comience con una respiración atenta. Siéntese erguido con la columna vertebral recta, con las manos colocadas suavemente sobre sus muslos. Acomódese cuando aspire y permita a la respiración que descienda en espiral, alrededor y a través de usted, alimentando sus células y órganos, volviendo a llenar los sistemas sanguíneo y linfático. Relájese y libere las toxinas y la tensión acumuladas durante el día. Libérelas con la respiración espirada, hacia la luz blanca, donde son absorbidas. Sienta sus centros de energía *chakra* abriéndose uno a uno, girando libremente en el sentido de las agujas del reloj.

Usted está caminando por un pasillo con muchas puertas. Hace una pausa en cada puerta y la examina minuciosamente. Elige la puerta que lo tienta. Observa el material, el color, la forma del picaporte. Abre la puerta y desciende la escalinata. Diez, nueve, ocho pasos. Siete, seis, cinco, cuatro pasos. Tres, dos, un paso más; ahora pisa un bello suelo de parqué.

Pausa

Haga una respiración profunda y luego suéltela. Esté atento a la respiración, permaneciendo en el presente, observando, aceptando lo que llega hasta usted. Sobre usted se amontona una neblina y la calidad de la sensación es ligera, inteligente, alegre. Ahora puede tomarse tiempo para cambiar sus ropas o su apariencia. Cuando está preparado, sale del manto de neblina. Ve ante usted una alta muralla de piedra. En esa muralla de piedra hay una puerta abierta a través de la cual usted puede pasar. Es la puerta de entrada a un lugar magnífico y eterno. Ahora atraviesa la puerta, pasando por encima del límite entre los mundos. Y ahora, delante de usted, aparece un lugar especial, un jardín de su espíritu donde todo lo que planta crece y florece continuamente o se cubre de follaje. Hay un banco en ese jardín. Por favor, siéntese en ese banco. Puede ser de piedra, de hierro forjado o de madera. Mírelo atentamente y deslice sus dedos sobre su superficie. Ahora tome nota de lo que le rodea, de sus plantas y de su orden esencial o de su asilvestramiento fortuito. Observe lo que usted ha plantado y dónde. Puede oír el agua cayendo desde rocas altas, o borboteando por un arroyo poco profundo. Este lugar mágico de paz y simetría es de su creación. Nadie puede cambiar nada aquí. Y nadie puede entrar en contra de sus deseos. Tenga cuidado de mantenerse atento a la respiración. Véase como un ser en constante vibración externa pero con inmovilidad interna. Oiga los sonidos de los pájaros, del agua, del viento y de las ramas de los árboles susurrando sobre usted. Luego céntrese en ese extraño silencio interior.

Pausa

Cuando aspire la curativa luz blanca de su lugar chamánico y libere las tensiones o la ansiedad que pueden haber emergido, concéntrese en ese particular silencio interior. Cáptelo con su intención, su curiosidad, su respeto. Como un túnel de oscuridad rodeado de luz, el silencio le atrae. Usted se adentra más, tocando paredes con incrustaciones de cristal, significando que su mente está despejada y su propósito es único. El silencio lo rodea, tocándolo como suaves bolas de algodón, presionando sobre su aura, uniéndose a usted. Es una paz perfecta. Cuando usted experimenta este silencio, acepta totalmente su inmovilidad, su sensación invariable de paz y quietud. Encima de su cabeza una estrella fugaz viaja a través de los cielos. Cae verticalmente en la tierra y emite un haz radiante de luz que brilla tenuemente como una onda de calor y lo envuelve en una calidad consciente de sentimiento. Reconozca este sentimiento, encuentre palabras que expresen las características de esta sensación.

Pausa

Vuelva a la conciencia y dése cuenta con una mente despejada, de que puede regresar a ese lugar chamánico siempre que quiera. Cuando flexione las muñecas y estire las piernas, respire profunda y plenamente. Dedique tiempo a hablar del silencio y del carácter de los sentimientos que experimentó. Comparta el mensaje del haz de luz.

Relajación o sueño

Guía: Madeleine Cooper

«Observe las nubes y déjese llevar hacia un lugar especial de bienestar y paz.»

Introducción

Volver a experimentar en mi mente un retiro personal a las montañas de Nuevo México me produjo tal sensación de paz y bienestar, que me sentí impulsada a crear este viaje con el objeto de compartir esa sensación con otros. Es simple y fácil identificarse con esa sensación. Es particularmente bueno para quienes se inician en la fantasía guiada.

El viaje

Instálese cómodamente en su silla, con los pies apoyados en el suelo o, si está utilizando esto como una meditación para dormir, acomódese en la cama. Saque las mantas si lo desea. Permítase relajarse. Cuando esté cómodo, comenzará su respiración especial. Aspire la energía a través de la nariz y espire a través de la boca inhalando aire fresco y energía. Cuando espira, todas las tensiones empiezan a abandonarle y usted se relaja; espirando a través de la nariz exhale la sensación de que la tensión le abandona. Aspire... espire... Continúe su respiración especial. Sienta su rostro relajado. Sus hombros están relajados. Los músculos de su espalda están relajados. Usted se libera de todas las tensiones. Todo su cuerpo está relajado. Simplemente déjelo llegar. Ahora deje que su respiración vuelva a su ritmo natural. Descubrirá que cada vez que practique la relajación, ésta llegará más y más rápidamente, más y más profundamente mientras la tensión desaparece. Deje que la relajación se imponga.

Para profundizar esta relajación, imagínese en un camino de montaña. El aire es limpio y fresco. Es una hora avanzada de la tarde en un día de verano. Los pinos se alzan altos y majestuosos a su derecha. Oye el susurro de los álamos a su izquierda. Sus ojos captan el débil resplandor de las hojas movidas por la suave brisa. El sendero cae en declive. Ha sido despejado; las agujas de los pinos han sido barridas hacia un costado. Usted avanza con paso firme y seguro cuando camina por el sendero de tierra que conduce en dirección a un prado que se encuentra más adelante. Cuando llega al borde de la línea de árboles, ve una hamaca entre dos pinos. Se sienta en la hamaca sin dificultad y se mece suavemente. Un dedo de la mano deja su huella en la tierra formando un arco de hojas, agujas de pino y pequeños guijarros. La hamaca tiene una textura tosca, pero es cómoda y muy segura.

Puede ver el prado debajo de usted con su alfombra de flores silvestres extendiéndose... azul, rojo, blanco, coral, manchas de verde, luz del sol, abejas zumbando, una libélula que revolotea.

Usted alza la vista a través de la bóveda que forma el follaje de los árboles y ve un cielo azul con altas nubes blancas que pasan. Es sereno, bello, apacible. Se mece suavemente en la hamaca inhalando la energía, la fuerza vital, y exhalando todas las tensiones, todas las preocupaciones. El aire, las hojas que murmuran, las nubes que se desplazan, la fragancia de pino, la textura tosca de la hamaca, todo induce a una calma especial, a una sensación de paz, de riqueza interior.

Un búho revolotea y se posa en una rama encima de usted. No le asusta. Más bien, experimenta una sensación de curiosidad. Continúa tendido allí en la hamaca mirando al búho. El búho está mirándolo a usted. Encrespa sus plumas antes de instalarse cómodamente. Algo pasa entre ustedes, algún tipo de comunicación no verbal. Usted siente una gran seguridad interior. Su sensación de relajación es más profunda. Permítase tomarse tiempo para relajarse.

El búho remonta vuelo, alejándose. Usted observa las nubes desplazándose en grandes bullones blancos que se empujan unos a otros más rápidamente que antes. Está nublándose. Siente sobre sus mejillas el suave contacto del aire húmedo. Deja de mecerse y palpa la humedad sobre su rostro. Sabe que va a llover. Ya puede oír las primeras gotas cayendo sobre las hojas cercanas. Deja la hamaca y comienza a subir el sendero de montaña.

Si está utilizando esto como una meditación para dormir, continúe durmiendo, luego despiértese relajado y renovado en el momento que elija. Si ésta no es una meditación para dormir, vuelva a su estado de vigilia sabiendo que puede regresar a su lugar especial cada vez que lo desee. Es un lugar en el que puede extenderse sobre su hamaca y observar a las nubes desplazarse... un lugar donde se producen el descanso, la paz y la curación interior.

Ahora usted sube por el sendero y, tras cinco pasos, está más y más despierto y consciente de lo que le rodea. Uno, para subir la colina; dos, sintiéndose mejor que nunca, llegando a estar despierto con una sensación de relajación y paz; tres, sintiéndose renovado, como si hubiese tenido una siesta reparadora y vigorizante; cuatro, energizando; cinco, ojos abiertos, alerta. Completamente despierto, estírese, sonría. Tenga un día maravilloso.

Cueva encantada

Guía: Madeleine Cooper

«A veces necesitamos autorización para abandonar nuestras preocupaciones.»

Introducción

La playa representa un lugar relajante, especial, para muchas de las personas que acuden a mi consulta, y por lo tanto esta fantasía fue inspirada por mis propias experiencias en las cuevas a lo largo de la costa central de California. Brinda alivio al estrés crónico y una experiencia prolongada con la paz. A una persona seriamente ansiosa o deprimida se le aconseja que comience utilizando esta fantasía tres veces al día. De lo contrario, puede utilizarse por las noches.

El viaje

Usted se siente cómodo y tranquilo mientras respira normalmente con los ojos cerrados.

Ahora se ve en el extremo superior de una escalinata al aire libre que conduce a una bella playa. Mira hacia el mar y ante usted aparecen las aguas que centellean. La brisa del mar agita sus cabellos y se lleva su aliento. Huele maravillosamente a limpio. Déjela que acaricie la superficie de su piel. La playa aparece incitadora, por lo que usted se coge de la barandilla de madera y comienza a descender los robustos escalones tallados a mano.

Mientras desciende los escalones, cada paso que da lo lleva hacia un estado de relajación más profundo, más profundo, más profundo. Hasta el pie de la escalera, seguro, seguro, seguro, cómodo, profundamente relajado.

Y ahora usted se encuentra en la playa. La arena caliente está bajo sus pies. Se quita los zapatos y los deja al pie de la escalera. Siente el calor de la arena. Se hunde en ella y tiene una sensación agradable cuando sus granos tostados se escurren entre los dedos de sus pies. Avanza a grandes zancadas ansioso por llegar a la orilla. Está tan relajado, se siente tan seguro. Hay tiras de algas marinas, trozos de madera abandonada arrojada a la playa por la corriente, conchas.

Ahora usted está allí, donde se encuentran el agua y la playa seca. Camina a lo largo de la línea de la orilla.

El oleaje golpea con fuerza. A un costado de su cuerpo las olas llegan precipitadamente y la espuma burbujeante juega con los dedos de sus pies antes de volver a lanzarse al mar. Usted está tan relajado... Una gaviota vuela por encima de usted y lo llama. Usted la sigue y de repente encuentra un montón de piedras cubiertas de musgo. Trepa con facilidad por ellas. Se encuentra en una pequeña y tranquila cueva.

Mira a su alrededor, admirando las maravillas que ve. La cueva presenta una forma semejante a la de una herradura. Usted todavía ve el océano manchado con la luz de los rayos de sol y crestas pequeñas y blancas. Hay un barco que pasa en la distancia. Usted respira profundamente el húmedo aire salobre y huele la fragancia del océano. La gaviota se ha alejado dejándolo en esta cámara especial, su propia playa privada, a salvo de todo el mundo. El sonido del oleaje que antes golpeaba con fuerza ahora se oye amortiguado.

En un extremo de la herradura, que está formada de piedra arenisca dorada y amontonamientos de piedras oscuras y ásperas, sus ojos descubren un estante. Usted se acerca al estante y en él encuentra un cristal insólito, como una caja. Puede ver directamente a través de la caja y comprueba que está vacía. Tiene un cierre robusto. Usted coge la caja. Es muy fuerte. Levanta la tapa.

Ahora, una a una, usted deposita todas sus preocupaciones dentro de la caja, todas las inquietudes y tensiones de su mundo. Ahora vuelve a colocar la tapa. La cierra. Pone la caja sobre el estante. De algún modo sabe que la caja permanecerá allí sin ser advertida en su cueva privada. Si alguna vez necesita contemplar las cosas que contiene, sabe que puede volver a la cueva y sacarlas de la caja una por una, sea lo que sea lo que haya puesto allí: lo que siente que puede manejar. O puede dejarlo allí para siempre.

Usted se vuelve y descubre un lugar espléndido. Se sienta. Deja que la arena se escurra entre sus dedos. Se siente tan bien, tan sereno, tan relajado. Respirando, renovado, tan relajado.

Ahora se tiende de espaldas. Siente el calor a lo largo de su columna vertebral, en forma gradual, extendiéndose cómodamente sobre usted como una manta.

Si está utilizando esta cinta magnetofónica para dormir, ahora déjese arrastrar por un sueño profundo y renovador. Si no es así, abandone la cueva, trepe por las piedras y diríjase a la playa. Una vez más el oleaje está golpeando con fuerza mientras usted camina hacia el lugar en que dejó sus zapatos. Los coge, golpea uno contra otro y se sacude la arena de sus ropas. Se pone los zapatos... y empieza a ascender la escalera. Con cada paso hacia arriba, se encuentra más y más renovado y energizado.

Uno, dos... respira profundamente el cálido aire húmedo del océano, tres... está despertándose, cuatro... se siente tan relajado y tan estupendamente bien, cinco... completamente despierto, renovado, realmente relajado, ¡energizado!

Madeleine Cooper es la directora clínica de Mojave Mental Health de Las Vegas, Nevada. Se graduó en la Fordham University School of Social Work.

Descansar bien

Guía: Geneva B. Mitchell

«Cree en usted una sensación de paz, libertad, amor, comodidad y poder.»

Introducción

En «Descansar bien» usted debe recordar que está a cargo de la situación. Conozca el poder que tiene dentro de usted; sienta ese poder maravilloso y úselo. Es suyo. Usted tiene el poder de hacer con su vida lo que desee.

El viaje

Cierre los ojos. Véase como desea ser. Simplemente imagine que una resplandeciente y pura luz dorada rodea su cuerpo. Mantenga la luz alrededor de usted cuando comencemos nuestro viaje juntos. Vamos a estirarnos y a ser. Por lo tanto, cuando esté preparado vamos a empezar.

Es una clara y bella mañana de julio. Usted está en una isla. La isla está en cualquier lugar que usted desee y alguien o nadie le acompaña. Alce la vista hacia el cielo; observe unas pocas nubes delgadas y oiga y finalmente localice a las gaviotas revoloteando y bajando en picado; todos sus movimientos son fáciles y lentos. Usted se mueve con facilidad y lentitud. Luego puede decidir no moverse y simplemente estar. Encuentra un lugar sombreado sobre la cuesta de la colina que domina el océano y allí se echa de espaldas, cierra los ojos y va a la deriva, duerme o sueña. Oye mi voz, a las gaviotas, o no oye nada. No es importante. A su alrededor todo está bien y es maravilloso. Y la luz dorada rodea todo su cuerpo. La libertad le hace sentir libre. Usted es la libertad. Por consiguiente, con los ojos cerrados y sintiéndose liviano o pesado, sueña bellos sueños de acontecimientos y lugares interesantes. Sueña con una casa con parques en declive cubiertos de hierba, amplios porches, un arroyo frente a la casa, niños correteando, risas, diversión, juegos.

Pausa

Entre en la casa, siéntase en su hogar, encuentre su lugar. Relájese. Vaya hasta la parte más profunda de usted y vea sinceridad, libertad, inteligencia, alegría pura y talento. Vea y sienta un nuevo nivel de comunicación con todos los que están implicados en su vida. Una nueva conciencia de control sobre todas y cada una de las partes de su vida, libertad de la ansiedad, del estrés, del control. Permitiendo a los demás la misma libertad y control, déjese llevar, hacia abajo, hacia abajo, hacia abajo, no sienta nada, oiga sólo frases seleccionadas.

Pausa

Sienta sólo amor, consciente de nada o de todo. En el camino hacia todos sus objetivos, sueños y deseos, usted es consciente de lo que es importante. Libre de equipaje, emociones y sentimientos inútiles; los hallazgos ineficaces se han ido. Los sentimientos fuertes se hacen más fuertes, más poderosos que nunca, conociendo aptitudes más allá de lo imaginado o esperado. Aspire el poder positivo. Finalmente, aspírelo todo muy bien, vaya más profundo, duerma y descanse muy bien, libérese y sea.

Pausa

El mar le canta y usted está allí o aquí o en cualquier lugar y está bien. No existe el tiempo aquí, de modo que está bien y se deja llevar más profundamente y descansa. Todos los órganos descansan, el ritmo cardíaco es bueno, el flujo sanguíneo es bueno. Los músculos, los nervios, el cerebro, la columna vertebral y las vértebras están en línea. Ahora la libertad, la perfección, se van a dormir. Fíjese su hora para despertarse, está bien. Usted está siendo servido por el amo que hay dentro de esta creación maravillosa, usted. Sólo usted dice cuándo regresa y puede escoger que sea pronto. Cuando lo haga, si lo hace, cuente hasta tres. Cuente lentamente o duerma.

Todo está bien, muy bien. Todo es estupendo. Muy estupendo. Libre.

Geneva B. Mitchell es fundadora y directora de New Image Hypnosis Center de Albuquerque, Nuevo México. Es una hipnoterapeuta que se dedica intensamente y con gran motivación al ejercicio de su profesión. Entre las numerosas actividades que atraen su atención figuran escribir y dar charlas en público. Recientemente ha publicado dos libros, Take The Power *y* This Life is Yours.

Aliviador Sensorial

Guía: Edie Weinstein-Moser

«Flotar sobre una nube sin esfuerzo.»

Introducción

Muchísimas personas que han recurrido a mi ayuda han estado buscando un medio efectivo de reducir el estrés psicológico y la tensión física que lo acompaña. Las zonas del cuerpo que manifiestan el estrés son fundamentalmente la cabeza, el cuello, los hombros y la espalda. Cargamos con tantas preocupaciones en nuestras mentes, que a menudo sentimos como si estuviésemos llevando un saco de piedras. El «aliviador sensorial» le permite despreocuparse, centrándose, no en el dolor, sino en las otras funciones del cuerpo, o sea, los sentidos. Las sonrisas de alivio y los suspiros de serenidad parecen indicar que muchas personas son capaces de liberarse de algunas de las preocupaciones. Las personas que han utilizado este ejercicio han experimentado una sensación de relajación profunda como si flotasen sobre una nube, libres de cualquier esfuerzo.

El viaje

Permítase comenzar haciendo una respiración plena, profunda, natural. Cuando el aire fluya hacia su cuerpo, imagine que éste contiene propiedades aliviadoras. Cada parte de su cuerpo que entra en contacto con el aire puede relajarse. Luego, cuando espira, el aire que fluye de su cuerpo se lleva la tensión que usted pudo haber estado sintiendo al comenzar. Libere la tensión, véala saliendo de su cuerpo. Cuando aspire en la próxima respiración, sienta que el aire se desplaza a un lugar dentro de usted aún más profundo, aliviando y relajando incluso más zonas de su cuerpo y eliminando incluso más tensión, incluso más toxinas, liberando incluso más tirantez. Puede que necesite pensar conscientemente sobre cada respiración que efectúa, pero pronto lo hará con mucha naturalidad.

Pausa

Sólo por un momento, sea consciente de cualquier zona de su cuerpo que sienta incómoda. Diga para usted una palabra, como «cabeza» o «cuello» o «pie». Luego, mientras realiza la respiración siguiente, envíe el aire a esas partes de su cuerpo, permitiéndoles relajarse. En esa vívida imaginación suya vea que los dedos de sus pies se destensan, que los nudos se desatan o que cualquier rigidez se alivia, del mismo modo que desaparecen las arrugas de una camisa al pasarles la plancha. Eso es, así... Ahora que está relajándose más y más profundamente en su cuerpo, sienta una creciente sensación de alivio instalándose en su mente, como una bella bruma. Vea la bruma en cualquier color que le resulte calmante. Continúe respirando la bruma y obsérvela envolverse en torno a sus pensamientos, abrazándolos suavemente y recordándoles que es su hora de estar en paz, de estar en calma, a pesar de lo que esté sucediendo en su vida. Todo eso es real, es el aquí y ahora, de modo que déjelo estar...

Pausa

Si surgen pensamientos inquietantes, está bien... déjelos estar y envíe la bruma para rodearlos. Observe qué sucede cuando realiza eso. Bien. Ahora que está instalándose más y más profundamente en la paz y la calma, imagine que se encuentra en un bello lugar. Puesto que ésta es su hora, puede elegir cualquier lugar que le brinde la sensación de tranquilidad. Puede ser algún lugar que ha visitado o al que siempre ha querido ir. Es algo que le incumbe a usted. Contemple con deleite ese lugar con todos sus sentidos en profunda armonía. Vea los colores, las formas, los diseños.

Pausa

Oiga sonidos de música, o voces, o risas... tal vez hay pájaros o animales a su alrededor.

Pausa

Haga una respiración y huela algo delicioso... la sensación de ese aroma evoca recuerdos intensos, de modo que elija un olor que le recuerde algo agradable y aliviador.

Pausa

Extienda el brazo y toque con suavidad los objetos, personas o criaturas que lo rodean, con curiosidad, como si fuese la primera vez. Tal vez siente una brisa acariciando su piel o encrespando sus cabellos, o el sol reluciendo dulcemente sobre su rostro.

Pausa

Hay algo para saborear, quizás un refrescante fruto tropical de sabor exótico o una exquisita y cremosa tarta de chocolate. Deléitese con el sabor de lo que encuentra allí.

Pausa

Ahora que sus sentidos se sienten plenamente vivos, haga una verificación con sus pensamientos, sus sentimientos y sus sensaciones corporales. ¿Qué está sucediendo dentro de usted? Tómese unos pocos momentos más para sumergirse en esta experiencia.

Pausa

Ahora dirija un último y largo vistazo a su alrededor, sabiendo que puede regresar en cualquier momento que elija. Este es su lugar y siempre le pertenecerá pero de momento es hora de volver a este cuarto, a esta hora, a este lugar. Haga otra respiración profunda y, siempre muy lentamente, llegue a ser consciente de la sensación de lo que está sustentándolo, de cualquier cosa que esté experimentando con esos sentidos suyos en exquisita armonía, y cuando esté preparado abra suavemente los ojos, moviéndose y estirándose tanto como necesite. Sea bienvenido en su regreso a casa.

Edie Weinstein-Moser es coeditor de Visions Magazine *de Miami, Florida. La publicación se centra en psicología, salud, aptitud física, medio ambiente, así como en cuestiones de paz y justicia social. También trabaja con individuos y grupos facilitando el desarrollo personal.*

El pulgar y los otros dedos

Guía: William J. Ronan

«Un modo simple de abordar las tensiones de la vida cotidiana»

Introducción

Esta técnica fue desarrollada para ayudar a la gente a abordar el estrés inmediato que acompaña al abandono de las drogas. Más tarde descubrí que también es un método excelente para ayudar a cualquier persona a reducir las tensiones cotidianas. Tiene la característica añadida de ser conciso y eficaz.

El viaje

Permítase relajarse y diríjase a su lugar especial.

Si desea ser capaz de acceder a este estado en situaciones estresantes, pruébelo.

Imagine una situación estresante, tal como pedir un aumento de sueldo, dar una charla o cualquier otra que elija. Cuando tenga algunos de los sentimientos asociados con esa ansiedad, entonces coloque el pulgar y los demás dedos juntos suavemente.

Sienta la tensión abandonando su cuerpo. Libérela como si estuviese saliendo por la punta de sus dedos. Entonces, permítase volver a su estado de profunda relajación en su lugar especial.

Repita esta técnica varias veces y descubrirá que se convierte en una respuesta condicionada. Finalmente la situación estresante puede producir la respuesta de relajación en forma automática.

William J. Ronan es un hipnoanalista médico, miembro clínico de la American Academy of Medical Hypnoanalysts y miembro de pleno derecho de la Minnesota Society of Hypnosis de Minneapolis. Ejerce la psicoterapia y la educación en Applied Behavioral-Health Care.

Ventana

Guía: Larry Moen

«Crear una ventana en su imaginación permite nuevas sensaciones y discernimientos.»

Introducción

Esta meditación le permite ahondar en una dimensión personal más profunda y experimentar la riqueza de su propio ser interior. Las puertas y las ventanas son símbolos de oportunidad, y el uso de tales fantasías profundiza sus aptitudes para ver más allá del alcance limitado del pensamiento cotidiano.

El viaje

Cierre los ojos y haga una respiración profunda. Espire lentamente, liberando todos los músculos, desde el cuero cabelludo hasta los dedos de los pies, relajándose por completo. Vuelva a aspirar y espire lentamente, eliminando cualquier resto de tensión en su cuerpo. Mientras continúa respirando de manera profunda y uniforme, deje que su mente se relaje y vaya a la deriva hasta que usted se encuentre parado sobre un sendero de arena blanca.

El sendero es liso y firme debajo de sus pies. Usted comienza a avanzar. Un exuberante bosque tropical se extiende sobre el lado opuesto del camino. Es frío y húmedo, aunque la luz de los rayos del sol se filtra por las ramas de sus árboles. El sendero de arena blanca que se halla delante de usted presenta unos dibujos formados por los destellos rutilantes de la luz del sol. A su derecha, florecen jacintos silvestres en cálidos colores de coral, melocotón y fucsia. Usted aspira su fragancia. De la punta de las hojas caen gotas de agua, que captan la luz del sol que resplandece a través del bosque.

Mientras continúa caminando a lo largo del sendero llega hasta un árbol alto con una puerta en su tronco rugoso. Junto a la puerta hay una ventana rodeada por corteza marrón y sombreada por grandes hojas verdes.

Cuando mira por la ventana encuentra un mundo nuevo que se despliega delante de sus ojos. Observa los colores, la luz, las formas que puede ver. Estas visiones nuevas le producen asombro y mientras se queda mirándolas con alegría, usted es consciente de su fuerza y paz interiores. Comienza a entender, a sentirse en casa, a sentirse seguro...

Ahora es el momento de entrar por la puerta a su «yo supremo». Entre en él sintiéndose feliz y en armonía, abierto para experimentar plenamente esta tierra hermosa. Tómese tiempo para explorar, disfrutar, para ser uno con su «yo supremo».

En este momento es hora de partir. Sale por la puerta y empieza a desandar el sendero de arena blanca. Avanza más allá de las flores fragantes y el camino sigue siendo liso y firme bajo sus pies. Mientras camina oye el ligero murmullo de los árboles. El exuberante bosque tropical ahora es parte de usted. Usted siente que es uno con todas las cosas vivas. Llega a estar más despierto, más energizado. Vuelve a sentir su cuerpo, pesado y relajado. Respira profundamente, dejando que la respiración revitalice su cuerpo. Lentamente mueve y libera los dedos de sus manos y de sus pies. Suavemente estira y libera todos los músculos de su cuerpo, despertando a cada uno de ellos individualmente.

Haga una respiración profunda, espire y cuando esté preparado... abra los ojos.

Larry Moen, editor de los libros de la serie Guided Imagery, *es un hombre de negocios de Naples, Florida, que hace varios años inició el estudio y la práctica de la visualización guiada.*

Relajación y alivio del estrés

Descanso constructivo

Guía: Pauline Fisher

«Realinear su cuerpo en un modo "inactivo".»

Introducción

Esta técnica es una variación de un método del libro de Lulu Seweigard *Human Movement Potential.* Mi interpretación de este trabajo es otro modo de incluir la conciencia corporal en la relajación y las fantasías tranquilizadoras. También es especialmente útil para aliviar la tensión en la región lumbar.

El viaje

Antes de comenzar, quítese o afloje cualquier cosa que pueda estar apretando o molestando, como joyas, cinturones o pretinas. Busque una silla o un sofá donde pueda colocar las piernas mientras se tiende en el suelo en una posición cómoda, con espacio a su alrededor y detrás de usted. Coloque la parte posterior de las rodillas sobre el borde de la silla, cruce los brazos sobre el pecho y luego déjelos caer, liberándolos. No los retenga. Permita que los dedos de las manos caigan al suelo o hacia el suelo. Cierre los ojos y haga unas pocas respiraciones profundas, imaginando que su respiración viaja desde los dedos de los pies hacia las piernas y la pelvis, el torso, los brazos y el cuello hasta la coronilla. Cuando espire, sienta el calor viajando a través de su cuerpo y saliendo por las extremidades exteriores de los dedos de las manos y de los pies.

Efectúe una respiración profunda, siguiéndola con su imaginación a través de su cuerpo y al salir de él. Imagine que sus piernas están en una percha, como un par de pantalones colgando del cielo raso, sus rodillas están dobladas sobre esa percha, sus piernas totalmente relajadas cuando son alzadas por usted mientras su cuerpo permanece tendido en el suelo. Vea todas las arrugas de los pantalones cayendo suavemente hacia el suelo hasta las articulaciones en que sus piernas conectan con su cadera. Imagine unas borlas colgando hacia abajo desde los tobillos. Imagine que las partes delanteras y traseras de estos pantalones se tocan por encima de la rótula. Cuando aspire, sienta que todas las arrugas del pantalón se reúnen en ese punto, y cuando espire siéntalas caer al suelo. En su imaginación, repita esta fantasía. Cuando aspire, acuérdese de reunir las arrugas y cuando espire siéntalas caer al suelo. Repita esto una vez más. Cuando aspire, reúna. Cuando espire, sienta a las arrugas caer al suelo en las articulaciones que conectan sus piernas con su torso.

Imagine que está vistiendo un frac con faldones y que los faldones de este frac están extendidos sobre el suelo debajo de su silla. El frac tiene un cuello con solapa y mangas largas con borlas alrededor de los puños, mientras usted sigue con los brazos cruzados sobre el pecho. Vea a estas borlas cayendo hacia el suelo. Ahora imagine que las manos de alguien están presionando suavemente su caja torácica sobre la parte delantera de este frac, meciéndole dulcemente mientras usted aspira. Cuando espire, sienta que la parte delantera del frac toca la parte trasera que está sobre el suelo. Una vez más, cuando aspire sienta las manos meciendo dulcemente su torso de lado a lado, y cuando espire sienta que el frac se funde con el suelo cuando la parte delantera toca la parte trasera que se halla sobre el suelo.

Ahora imagine que está vistiendo un suéter de cuello de cisne debajo de este frac y sienta que el cuello se extiende por encima de las solapas. Sienta que una mano imaginaria toca levemente la zona de su esternón, el centro de su pecho entre sus senos. Cuando aspire, sienta la parte delantera del cuello expandiéndose antes de fundirse totalmente con el suelo. Cuando espire sienta que la parte delantera toca la parte trasera. Una vez más, aspire, y cuando espire, sienta la mano imaginaria meciendo suavemente su pecho de lado a lado mientras la parte delantera del cuello se funde totalmente con el suelo tocando la parte trasera. Imagine también que su cabeza está llevando un gracioso sombrerito como el que suelen usar los bufones de la corte, hecho con triángulos que están conectados con borlas que cuelgan de todo su perímetro. Cuando aspire, vea y sienta ese sombrerito, y cuando espire, sienta que se funde totalmente con el suelo.

Imagine que hay un montón de arrugas en la base de su columna vertebral y en la parte superior de su pelvis. Ahora imagine un par de manos en este lugar y vea a los dedos reunir todas esas arrugas mientras usted aspira, y cuando espira los dedos las estiran hasta el extremo inferior del frac en la base de los faldones. Una vez más en su imaginación vea a esos dedos reuniendo las arrugas mientras usted aspira y, cuando espira, siéntalas estirarse hasta los faldones en la parte inferior del frac. Cuando esté preparado, una vez más imagine a esos dedos, esta vez un poco más altos cerca de la zona de su caja torácica y junto a su columna vertebral. Cuando aspire, sienta a los dedos reuniendo las arrugas. Cuando espire, siéntalos estirando todas esas arrugas hacia abajo hasta la parte inferior de los faldones del frac. En su imaginación repita esto una vez más, recordando, cuando aspire, sentir los dedos reuniendo, y cuando espire sienta las arrugas estirándose hasta la parte inferior del frac.

Cuando esté preparado, esta vez imagine a los dedos próximos a su escápula y nuevamente cerca de su columna vertebral. Aquí no hay tantas arrugas como había en las otras zonas, pero cuando aspira, los dedos reúnen las arrugas que hay, y cuando espira, los dedos estiran esas arrugas hasta la parte inferior de los faldones del frac.

Una vez más, en su imaginación, aspire y reúna y cuando espire, estire las arrugas hacia afuera, alargando su columna vertebral. Ahora cambie suavemente la posición de sus brazos, de modo que sus codos estén sobre el suelo y sus dedos descansando ligeramente sobre su cadera (o cintura, siempre que le resulte cómodo), abriendo sus escápulas un poco y dejando caer sus hombros.

Ahora imagine que hay un par de dedos debajo de usted, cerca de su columna vertebral, en la parte superior junto a su hombro, y en la parte delantera, cerca de su clavícula, el hueso que se halla debajo de su cuello. Esta vez los dedos estirarán las arrugas hacia las paredes que están a los lados de su cuerpo. Reúna cuando aspire y, cuando espire, sienta que las arrugas se estiran más allá de los hombros hacia las paredes, ensanchando el frac. Una vez más, sienta los dedos en la espalda cerca de su columna vertebral y en la parte delantera junto a la clavícula mientras aspira y reúne y, cuando espire, estire hacia las paredes ensanchando el frac. Repita esto sobre el otro lado.

Cuando esté preparado, mueva estos dedos imaginarios cerca de la zona de la caja torácica y junto a la columna vertebral. Cuando aspire, reúna las arrugas, y, cuando espire, siéntalas estirarse hacia afuera en dirección a las paredes. Una vez más, mientras aspira, sienta a estos dedos reuniendo las arrugas y, cuando espire, siéntalas estirarse hacia las paredes. Repita esto sobre el otro lado.

Ahora mueva estos dedos hacia abajo cerca de la parte superior de la pelvis. Cuando aspire reúna las arrugas y, cuando espire, estírelas hacia afuera en dirección a los lados de su cuerpo. Una vez más con estos dedos imaginarios cerca de la pelvis aspire y reúna y, cuando aspire, estire más allá, más allá. Repita esto sobre el otro lado. Imagine un par de manos tocando los lados de su cuerpo. Cuando aspire sienta esas manos y, cuando espire, sienta que se expanden los lados de su cuerpo. Una vez más, aspire y sienta las manos y, cuando espire, siéntalas estirarse hacia las paredes, junto con el frac y su cuerpo. Imagine la base de su columna vertebral –el coxis– y la parte superior de ésta. Sienta que su columna vertebral se extiende hasta la coronilla de su cabeza. Cuando aspire sea consciente, cuando espire sienta los dos extremos extendiéndose, estirándose y alargándose. Repita una vez más con su conciencia en los dos extremos; desde el coxis en la parte inferior de la columna hasta la coronilla de su cabeza. Ahora aspire y cuando espire sienta que su cuerpo se alarga. Permita que sus pensamientos floten, pero no se aficione a ninguno de ellos. Llegue a ser consciente de su cuerpo, de su peso y de la sensación de sus piernas colgando hacia abajo. Cuando esté preparado, muy suavemente, regrese, sin forzar, sin prisa. Suavemente lleve sus rodillas a su pecho y con tan poca tensión como sea posible llegue a una posición sedente o de pie, mientras mantiene la conciencia de su respiración, de su cuerpo y de la sensación de relajación.

Relajación

Guía: Pauline Fisher

«Una buena fantasía para tomar conciencia de las partes del cuerpo.»

Introducción

Al integrar, diversificar y personalizar muchas de mis experiencias encontré a otras personas interesadas en utilizar las técnicas que he desarrollado a través de la relajación, la meditación y la fantasía.

Esta visualización puede ser una guía externa para la propia voz interior de cada persona y ayuda a acelerar el acceso a la relajación y a veces al sueño.

El viaje

Comience por quitarse o aflojar cualquier cosa que apriete, como joyas y cinturones. Encuentre un lugar confortable y tiéndase de espaldas. Deje que sus brazos caigan sueltos a los lados de su cuerpo y descruce las piernas colocándolas aproximadamente en línea con sus caderas. Haga dos o tres respiraciones lentas y profundas. Mientras hace esto, sienta la respiración en su cuerpo. Siga a la respiración que entra y sale de su cuerpo. Siga a la respiración mientras viaja a través de las plantas de sus pies, a través de sus pantorrillas, muslos y pelvis, de su torso, y de sus brazos y cuello en todo el trayecto hasta su cabeza, para volver a salir. Realice otra respiración lenta y profunda desde sus pies hasta su cabeza, y cuando espire siéntala saliendo por las extremidades externas de los dedos de sus manos y de sus pies. Gire suavemente la cabeza de un lado a otro, liberando cualquier tensión. Haga esto unas pocas veces y luego vuelva a llevarla al centro. Centre su atención en su cuerpo, en su respiración y en la voz del guía.

Ahora, respirando normalmente, lleve la atención a su cuero cabelludo. Cuando aspire, sienta cada uno de los folículos pilosos de su cuero cabelludo. Cuando espire, libere, relaje, fusione. Lleve su conciencia a sus orejas cuando aspire. Cuando espire, libere. Continúe prestando atención a su respiración. Lleve su conciencia a su frente y cuando espire, libere, relaje, fusione. Y ahora lleve su conciencia a sus cejas cuando aspire y libere cuando espire. Lleve su atención a sus párpados cuando aspire, y cuando espire, relaje, libere. Si tiene alguna dificultad para mantener sus ojos inmóviles mientras están cerrados, trate de centrarse en el puente de su nariz y eso le ayudará a lograrlo. Ahora lleve su atención a su nariz. Siga el camino de su respiración, aspirando y espirando y liberando desde su nariz. Lleve su atención a sus mejillas y a sus pómulos, y cuando espire, relaje, libere, fúndase como una pintura surrealista de Salvador Dalí, y ahora lleve su atención a su mandíbula, y si encuentra que aprieta los dientes, permita que su boca se abra ligeramente y cuando espire, libere, relaje.

Lleve su conciencia a sus labios y a su boca, a sus dientes, a sus encías y a su lengua. Cuando espire, libere, relaje. Deje que su atención vaya hacia el pico de viuda encima del puente de su nariz en el perfil del cuero cabelludo. Imagine dos líneas a partir de ese punto que viajan alrededor del perfil de su cuero cabelludo detrás de sus orejas hasta la nuca y en torno a su barbilla en dirección a su boca y siga a esa línea mientras viaja a lo largo de sus encías, externas e internas, inferiores y superiores. Lleve su conciencia ahora a su cuello, interno y externo. Lleve su conciencia a la piel sobre la parte externa y todo lo demás que se halla en la parte interna, y mientras espira, libere y sienta que su cuello se funde con el suelo. Lleve su atención a sus hombros. Cuando espire, libere suavemente los hombros. Lleve su conciencia a la parte superior de sus brazos y a sus codos, externos e internos, y cuando espire, relaje, libere, fusione. Lleve su atención hacia la parte inferior de sus brazos y a sus muñecas y libere. Ahora lleve su conciencia a sus manos, las palmas, el dorso de sus manos, y todos y cada uno de los dedos, comenzando con la mano derecha, el dedo meñique, el dedo anular, el dedo corazón, el dedo índice y el pulgar. Mano izquierda, pulgar, dedo índice, dedo corazón, dedo anular, dedo meñique. Lleve su atención a su columna vertebral, comenzando en el extremo superior y yendo hacia abajo, vértebra por vértebra, por la columna vertebral hasta el coxis. Deje que su mente recorra su columna vertebral como dedos que se deslizan por las teclas de un piano... plink... plink... todo el trayecto hacia abajo. Lleve su conciencia a su pecho, a su esternón y a su caja torácica, delantera y trasera. Cuando espire, siéntase fusionándose con el suelo. Lleve su atención a su cintura y a su diafragma y cuando espire permita que se fundan con el suelo, relajando, liberando.

En su imaginación, vea y sienta su pelvis como si fuese un recipiente. Imagine la parte superior y trasera, donde se unen la mayoría de los músculos del cuerpo. Cuando espire suavemente, libere, relaje. Libere en las nalgas, en los genitales y en las articulaciones donde sus piernas se unen con el torso. Sienta el peso de su cuerpo, de las partes que ha liberado de él. Llegue a ser consciente. Lleve su atención a sus muslos, internos, externos y a su alrededor, donde se encuentra el hueso más grande del cuerpo, y libere. Relaje sus rodillas, parte trasera y delantera. Sienta la rótula como la yema de un huevo y libérela dejando que su mente viaje hacia abajo hasta las piernas, las pantorrillas, las tibias y los tobillos, relaje cada uno de ellos mientras continúa descendiendo hasta los talones, los arcos y los metatarsos de los pies, y todos y cada uno de los dedos comenzando con el pie izquierdo: el dedo pequeño del pie y el próximo a él y el dedo medio y el siguiente y el dedo gordo... y su pie derecho: el dedo gordo y el próximo a él, y el dedo medio y el siguiente y el dedo pequeño.

Ahora examine su cuerpo de arriba a abajo. Deje que su imaginación recorra su cuerpo de arriba a abajo. Si hay lugares en los que siente tensión, respire en ellos. Imagine que su respiración es como burbujas de aire que aspiran el punto de tensión, y cuando espire sienta que la tensión fluye hacia afuera. Podría querer imaginar una luz blanca en ese punto o un globo de árbol de Navidad. Cuando aspire y espire, véala rompiéndose en millones de trozos que salen flotando de su cuerpo. Sienta el peso de su cuerpo sobre el suelo. Llegue a ser consciente del lugar en que está tocando el suelo y del lugar en que no está tocándolo. ¿El suelo está levantándolo o usted está presionando sobre el suelo? Simplemente, tome nota. No emita ningún juicio, sólo sea consciente de ello.

Pausa

Imagínese en la playa. Sienta el calor del sol y oiga los sonidos, posiblemente gaviotas, el océano y las olas. Huela el aire salobre; saboree el aire salobre. Sienta la impresión que su cuerpo deja en la arena. Vea el borde del mar, donde pequeñas olas llegan irregularmente a la playa; vea el sol resplandeciendo como gemas sobre las pequeñas olas. Permita que la ola que llega al borde de la playa toque los dedos de sus pies y lenta y suavemente deje que su cuerpo sea llevado hacia una mar muy serena. Lentamente, lentamente, sintiendo la frialdad del agua debajo y el calor del sol encima de usted. Sea consciente de las salpicaduras ocasionales del agua sobre la parte frontal de su cuerpo y sienta la ondulación del agua debajo de usted. Permita que su cuerpo ondule en respuesta. Sea consciente de lo diferente que siente a su cuerpo flotando sobre el agua en comparación a cómo lo sintió cuando estaba tendido en la arena. Continúe flotando. Y ahora permita a su mente que viaje hacia arriba hasta el cielo y coja una hinchada nube blanca, su nube, y lentamente deje que su cuerpo flote hacia arriba junto a ella. Flotando, flotando hacia arriba. Viaje con su nube compañera suavemente en la brisa y sienta la diferencia de flotar en el aire con una nube en comparación a flotar en el agua.

Pausa

A la cuenta de tres, imagine su lugar favorito de relajación, uno que lo haya sido antes o que pueda inventar ahora en su imaginación. Cuando esté en el lugar, asegúrese de que ve, siente, huele, oye y saborea todo lo que hay allí. Si se trata de un lugar bajo techo, sea consciente de dónde están los enchufes eléctricos, del mobiliario, de los cuadros en las paredes. Si es un lugar al aire libre, sea consciente de los colores y de las condiciones climáticas. Sea consciente de sus ropas y de las texturas debajo de sus pies. Uno, dos, tres... usted está allí. Tómese tiempo para estar totalmente allí con todos sus sentidos. Recuerde, vea, sienta, huela, oiga y saboree todo lo que hay allí. En este lugar, piense en una palabra, su palabra; una palabra como *calma, paz* o *amor*. Sienta esa palabra dentro de usted, a través de todos sus poros, en todos sus huesos, nervios, músculos y glóbulos, en todas y cada una de las partes de su cuerpo. Aspírela y cuando la espire, compártala. Usted es esa palabra. Su aura se convierte en esa palabra, de modo que cualquiera que se le acerque llega a ser esa palabra con usted.

Pausa

Sepa que puede evocar esta sensación cada vez que lo desee. Simplemente cierre los ojos, haga unas pocas respiraciones profundas y cuente de tres hasta uno. Recuerde esta sensación y sepa que usted puede regresar a ese lugar y a ese momento. Son suyos.

Cuando esté preparado, suavemente vuelva a llevar su conciencia a ese lugar. Otra vez, sienta el suelo debajo de su cuerpo. Comience por oír sonidos periféricos y déjelos ir a la deriva, suavemente, suavemente. Deje que sus brazos se deslicen a lo largo del suelo encima de su cabeza. Estírese como si estuviese sobre una máquina de estiramiento con los dedos de las manos yendo en una dirección y los dedos de los pies en la otra, y culebree todo su cuerpo entre los dedos de sus pies y su cabeza, llegando a ser consciente de ello y despertando todo su cuerpo, la parte frontal, la trasera y los lados. Y cuando esté preparado para sentarse o ponerse de pie, gire sobre un costado llevando las rodillas hacia su pecho y, con la menor tensión posible, continúe siendo consciente de su respiración y de su cuerpo, así como del estado relajado de su ser.

Pauline Fisher es educadora del movimiento terapéutico y asesora para el manejo del estrés, así como autora de un libro. Sus artículos se han publicado en Estados Unidos y en otros países. Ha recibido muchas distinciones y forma parte del cuerpo docente de la Universidad de Maryland. Como fundadora de «A Moving Experience» lleva a cabo presentaciones y entrenamientos en todo el territorio de Estados Unidos y Canadá.

Prado con colores

Guía: Kay Henrion

«¡Esta meditación es para divertirse y relajarse!»

Introducción

Esta meditación puede realizarse utilizando una variedad de colores. Yo he utilizado el azul para el amor. Usted puede emplear el rosa para la paz, el verde para la curación, el amarillo para la sabiduría y el aprendizaje, el naranja para la erudición o el violeta para la conducción. Ésta es una fantasía maravillosa para usar en cualquier momento en que necesite «huir» de la tensión. Es como si estuviese en unas mini vacaciones en su mente y después se sintiese renovado y preparado para hacer frente a sus desafíos.

El viaje

Usted se encuentra en un bello prado. Encima de usted hay un cielo azul y despejado. La hierba es verde y su olor es fresco y dulce. Los árboles a su alrededor son de un verde esmeralda. Se ve un pequeño arroyo que fluye en la distancia. Usted puede oírlo corriendo sobre las piedras. Camina hasta el arroyo e introduce una mano en el agua. Es fría al tacto y la humedad sobre su mano recuerda a la seda. Sopla una suave brisa y usted está colmado con la sensación de amor y paz. Se tiende de espaldas sobre la hierba tierna y deja que la sensación de amor remolinee a su alrededor como un suave torbellino. Lentamente lo levanta de la tierra y lo lleva hacia el infinito cielo azul. El azul del cielo se vuelve más y más intenso mientras usted flota más y más alto.

Pausa

Ahora usted se halla en un espacio que remolinea en colores azules siempre cambiantes, desde el más oscuro hasta el cristal de hielo más intenso. Las vibraciones turbulentas de los colores azules sostienen su cuerpo y lo envuelven en la maravillosa sensación de amor. Cuando permite a su cuerpo que se sumerja en este sentimiento, permita a su mente que entre en el silencio y experimente lo que está allí para usted.

Pausa

Es hora de regresar. Usted está entero y completo. Cuando esté preparado, abra los ojos, sintiéndose renovado y totalmente despierto.

Kay Henrion es enfermera diplomada y profesional de enfermería familiar en Naples, Florida. Especializada en asesoramiento sanitario holístico, organiza seminarios y suele dar conferencias.

Relajación condicionada

Guía: David E. Bresler

«Respirar es literalmente el camino de la vida.»

Introducción

Cada vez que respiramos llevamos oxígeno a las células y tejidos del cuerpo, donde es utilizado en la ignición del combustible del cuerpo y en la producción de energía.

La respiración adecuada realmente puede ayudar a controlar las emociones negativas, incluyendo la ira, el odio, los celos, la aflicción y la frustración. Simplemente disminuyendo el ritmo de la respiración, lo cual a su vez reduce el ritmo cardíaco, a menudo usted puede eliminar tensión, nerviosismo y dolor.

Tenga presente que existen dos modos de

respirar: desde el pecho y desde el abdomen. Para este ejercicio trate de respirar sólo desde el abdomen, lo cual quiere decir que el estómago se moverá hacia adentro y hacia afuera con cada respiración que efectúe. Permita a su respiración que llegue a ser lenta y rítmica.

El viaje

Antes de comenzar, tómese un momento para ponerse cómodo y relajado. Siéntese erguido en una silla confortable y afloje toda la ropa, joyas o zapatos que le aprieten y puedan distraerle. Asegúrese de que no será interrumpido durante unos pocos minutos. Si es necesario, desconecte el teléfono. Ahora haga unas pocas respiraciones abdominales, lentas y profundas; aspire, espire, aspire, espire.

Centre su atención en su respiración en todo este ejercicio y reconozca cómo solamente respirar sin dificultad, de manera lenta y profunda, puede ayudar a producir relajación. Deje que su cuerpo respire de acuerdo con su propio ritmo natural. Lenta y profundamente.

Ahora vamos a comenzar el ejercicio con lo que llamamos una «respiración de señal», un mensaje especial que dice al cuerpo que estamos preparados para entrar en un estado de relajación profunda. La respiración de señal se realiza del modo siguiente: espire, haga una aspiración profunda a través de la nariz y luego expulse el aire a través de la boca.

Puede advertir una especie de sensación «de hormigueo» cuando realice la respiración de señal. Cualquier cosa que sienta es una señal o mensaje para su cuerpo, que llegará a asociarse con la relajación, de modo que cuando practique este ejercicio una y otra vez, sólo con efectuar la respiración de señal producirá el mismo grado de relajación que será capaz de conseguir al completar todo el ejercicio.

Respire lenta y profundamente. Concentre su atención en su respiración, centrando sus ojos en un punto imaginario en el centro de su frente, mire a ese punto como si estuviese tratando de verlo desde el interior de su cabeza. Levante sus ojos como para mirar fijamente a ese punto desde el interior de su cabeza. Concentre su atención en el punto. Cuanto más pueda concentrarse en el punto, mejor será su respuesta de relajación.

Mientras continúa centrando su atención en el punto, podría advertir que sus párpados han llegado a estar bastante tensos. Eso es estupendo, pues lo que queremos hacer es enseñar a su cuerpo la diferencia entre tensión y relajación. Sus párpados están controlados por algunos de los músculos más pequeños de su cuerpo, que llegan a estar fácilmente cansados y fatigados cuando se vuelven más y más tensos. Cuando yo cuente hasta tres, demostraremos la diferencia entre tensión y relajación permitiendo a sus párpados que se cierren suavemente, permitiendo que la sensación de tensión desaparezca rápidamente.

Uno, dos, tres... cierre los párpados firmemente, pero sin demasiada tirantez, y cuando se cierren, experimente una calmante sensación de relajación que se irradia alrededor de sus ojos, la parte superior de sus ojos, la parte inferior, los lados, la parte frontal y la trasera.

Respire lenta y profundamente. Experimente

la relajación en sus ojos y lo bien que se siente. Deje que esas sensaciones de relajación suave se irradien alrededor de sus ojos y salgan hacia su frente, hacia su cuero cabelludo, alrededor de la parte posterior de su cabeza, hacia sus oídos y sienes, hacia sus mejillas y nariz, hacia su boca y mentón o alrededor de su mandíbula. Cuando sienta que toda la tensión fluye saliendo de su rostro y de la zona que rodea su boca, relaje los músculos de su mandíbula. Mientras realiza esto, deje que su mandíbula se abra ligeramente, a fin de que toda la tensión pueda salir suavemente.

Recuerde su respiración, lenta y profunda. Relaje los músculos del cuello, y cuando relaje la parte posterior del cuello, deje que la cabeza se incline suavemente hacia adelante hasta que la mandíbula casi toque el pecho. Mientras efectúa esto, sienta que toda la tensión sale de los músculos de la parte posterior del cuello. Deje que esta agradable y suave sensación de relajación se irradie hacia abajo en dirección a sus hombros. Sienta la pesadez de sus hombros sobre su tronco cuando los músculos del hombro se relajan suavemente. Ésta es una de las zonas más importantes del cuerpo para relajar, puesto que todos tendemos a acumular muchísima tensión en el cuello y en los hombros. Sienta que toda la tensión desaparece y experimente la agradable y suave sensación de la relajación profunda.

Recuerde su respiración, lenta y profunda. Deje que esta sensación de relajación se irradie hacia abajo en dirección a sus brazos hasta sus codos, antebrazos, muñecas y manos. Dedique un momento a relajar cada uno de los dedos de sus manos. El pulgar, el dedo índice, el corazón, el anular, el meñique. Cuando sus manos y brazos estén completa y suavemente relajados, puede advertir la sensación de calor y pesadez. Algunas personas hablan de pulsaciones o sensaciones de hormigueo. Algunas incluso pueden sentir los latidos de su corazón en la punta de sus dedos; otras incluso informan de sensaciones magnéticas o de estirón. Cualquier cosa que experimente es el modo en que su propio cuerpo expresa la relajación. Recuerde: no puede *obligarse* a relajarse, sólo puede *per-*

mitirse relajarse. Confíe en su cuerpo, él sabe qué hacer.

Recuerde su respiración. Lenta y profunda. Relaje el pecho y el abdomen, y deje que esta sensación de relajación se irradie alrededor de sus costados y costillas, como ondas de relajación que cruzan la escápula para encontrarse en la parte superior de la espalda, en la zona central de la espalda, en la región lumbar. Sienta que todos los músculos a ambos lados de su columna vertebral se relajan suavemente. Deje que su columna vertebral lleve el peso de su tronco cuando los músculos de su espalda se relajen más y más profundamente. Deje que esta sensación de relajación suave se irradie hacia abajo en dirección a su zona pélvica, hacia sus nalgas, músculo del esfínter, genitales. Sienta que toda su zona pélvica se abre y se relaja suavemente. Relaje sus muslos, rodillas, pantorrillas, tobillos y pies. Dedique un momento a relajar cada uno de los dedos de los pies: el dedo gordo, segundo dedo, tercer dedo, cuarto dedo y dedo meñique. Respire lenta y profundamente. Relájese y disfrute.

Ahora que su cuerpo está suavemente relajado y sereno, tómese un momento, comenzando por la coronilla de su cabeza hacia abajo, para verificar ligeramente con el objeto de constatar cuánta relajación ha obtenido.

Si hay alguna parte de su cuerpo que aún no está plenamente relajada y confortable, aspire con una respiración profunda y envíela hacia esa zona, llevando oxígeno calmante, relajante, alimenticio, curativo, a todas sus células, confortándolas y relajándolas. Cuando espire, imagine que expulsa hacia afuera, a través de su piel, toda tensión, tirantez, dolor o molestia en esa zona. Nuevamente, cuando aspire, lleve oxígeno relajante y curativo a cada célula de esa zona, y cuando espire, expulse, a través de la piel, toda tensión o molestia.

De este modo usted puede enviar su respiración a relajar cualquier parte de su cuerpo que todavía no esté plenamente relajada y confortable como debería estar. Respire lenta y profundamente, y con cada respiración permítase llegar a estar doblemente relajado en relación a como estaba antes, aspire, espire...

doblemente relajado; aspire, espire... doblemente relajado.

Cuando se encuentre sereno y plenamente relajado, tómese un momento para disfrutarlo. Experimente el suave calor y la sensación de bienestar en todo su cuerpo. Si cualquier pensamiento extraño trata de interferir, simplemente permítale pasar y salir de usted. No le preste atención y vuelva a su respiración, lenta y profundamente, lenta y profundamente, disfrute este estupendo estado de suave relajación.

Ahora, mientras se concentra en su respiración, en su cabeza pinte un cuadro de cómo querría estar. Véase usted o cualquier parte de su cuerpo como quiere que sea, utilice libremente su imaginación, vea las posibilidades de ser exactamente como quiere ser; vea más claramente la visión en el centro de su imaginación.

Respire lenta y profundamente. Recuerde su deseo, lo que quiere para su vida. Refuércelo. Dígase esto: «cada día, de todas maneras, me sentiré mejor y mejor; cada día, de todas maneras, me sentiré mejor y mejor; cada día, de todas maneras, mi deseo se hará más y más intenso;

cada día, de todas maneras, mi deseo se hará más y más fuerte». Añada cualquier otra sugerencia que quiera hacerse.

Recuerde su respiración, lenta y profunda. Cuando termine este ejercicio, puede sorprenderse al advertir que no sólo se siente relajado y confortable, sino energizado y con una sensación de bienestar tan poderosa que fácilmente será capaz de satisfacer cualquier exigencia que surja. Para terminar el ejercicio, dígase que puede alcanzar este suave estado de relajación condicionada en cualquier momento que lo desee simplemente realizando la respiración de señal. Refuerce esa respiración de señal concluyendo el ejercicio con ella. Espire, aspire profundamente a través de su nariz, elimine soplando por la boca... y siéntase bien.

El doctor David E. Bresler, antiguo director de la Unidad de Control del Dolor de la UCLA y antiguo profesor de las Escuelas Médica y Dental de la UCLA y del Departamento de Psicología de la UCLA, en la actualidad ejerce la práctica privada en Santa Mónica, California. Es director ejecutivo del Bresler Center Medical Group y director de investigación de New Health Technologies, Inc., una compañía de investigación y desarrollo sanitario.

Reproducido con autorización de David E. Bresler de Free Yourself From Pain, *P.O. Box 967, Pacific Palisades, CA 90272.*

Relajación muscular profunda

Guías: Edward A. Charlesworth
y Ronald G. Nathan

«La relajación muscular profunda dirige sugerencias de relajación a cada grupo muscular a la vez.»

Introducción

Los autores de esta visualización sugieren practicar un ejercicio de relajación progresiva antes de comenzar esta relajación muscular profunda, pero indican que es útil que no sea obligatorio. La relajación progresiva utiliza la tensión muscular para relajar los músculos, pero la relajación profunda depende del poder de su mente.

Los doctores Charlesworth y Nathan sugieren utilizar esta técnica de relajación cada día. Después de unas pocas sesiones, usted será capaz de «relajar los músculos necesarios de manera diferente mientras ejecuta tareas con los músculos necesarios. No hay que tensar la mandíbula o apretar el puño mientras se escribe una nota en el escritorio».

Preparación

Dedique un poco de tiempo a ponerse tan cómodo como pueda. Mientras trata de encontrar una buena posición, afloje cualquier prenda que le apriete. Aflójese el cuello de la camisa o de la blusa. Aflójese el cinturón. Si siente que los zapatos le aprietan, quíteselos. Deje que sus ojos se cierren.

Mentalmente, debería comenzar por despejar su mente de los problemas y preocupaciones que puedan caracterizar su vida. Permita que se desarrolle una actitud pasiva. Trate de dejar que se inicie la relajación.

Abra la boca durante un momento y mueva la mandíbula lenta y cómodamente de lado a lado. Ahora, deje que su boca se cierre, manteniendo los dientes ligeramente separados. Mientras lo hace, efectúe una respiración profunda y, lentamente, deje que salga el aire.

Respiración

Haga otra respiración profunda. Cuando espire, dígase en silencio: «relajar y liberar». Siéntase flotando hacia abajo. Ahora que está cómodo, permítase relajarse aún más. Cuanto más pueda liberar, mejor se sentirá. Nuevamente, haga una respiración profunda.

Pausa

Cuando espire, dígase en silencio: «relajar y liberar». Deje que el aire salga de manera fácil y automática. Ya puede estar sintiéndose un poco más sereno. Ahora, prosiga con la respiración normal. Analice su cuerpo y los sentimientos que está experimentando.

Pausa

Mientras se relaja más y más, su respiración se vuelve más lenta. Puede advertir que ahora la respiración es más lenta y que respira más y más desde la parte inferior de sus pulmones.

Resulta demasiado dificultoso moverse, simplemente es demasiado dificultoso moverse. Toda la tensión abandona su cuerpo y usted está muy cómodo. Observe que tiene una sensación de bienestar, como si sus preocupaciones hubiesen sido desechadas y nada parezca importar.

Examen del cuerpo

Ahora, mientras continuamos, vamos a utilizar las aptitudes naturales de su mente y de su cuerpo para experimentar sensaciones de relajación profunda, muy profunda. Haremos esto recorriendo su cuerpo desde la cabeza a los pies y en forma progresiva infundiremos esos buenos sentimientos de relajación. Cada vez que espire, debería sentirse más relajado.

Mantenga los ojos suavemente cerrados. Relaje los músculos de la mandíbula. Mantenga los dientes ligeramente separados y el rostro, el cuello y los hombros sueltos y relajados.

Piense en cada parte de su cuerpo y permita que una de ellas se relaje. Sentirá que toda la tensión fluye hacia afuera y que cada parte de su cuerpo se sentirá confortable, serena y apacible. Cada vez que espire, llegará a estar más relajado y sentirá que la relajación se extiende lentamente a través de su cuerpo.

Examen de la cabeza y del cuello

Ahora, piense en la coronilla de su cabeza. Sienta la zona. Mientras espira, sienta que la coronilla de su cabeza se relaja más y más, llegando a estar floja y libre de arrugas. Deje que las tensiones fluyan desde la coronilla de su cabeza. La coronilla de su cabeza está completamente relajada.

Piense en su frente. Sienta la piel que la cubre. Sienta sus ojos y los músculos que están a su alrededor. Sienta que esos músculos se relajan más y más con cada respiración. Sienta que su frente se relaja más y más.

Sus párpados se hacen más pesados y serenos con cada respiración. Libérese mientras respira suavemente, aspirando y espirando. Deje que la relajación se difunda naturalmente mientras la tensión fluye hacia afuera cada vez que espira.

Su frente, sus ojos y todos estos músculos están relajándose más y más.

Sienta su garganta y su cuello. Siéntalos relajarse. Cuando espire, dígase: «relajar y liberar». Su garganta y su cuello están flojos, serenos y confortables.

Examen de los hombros y de los brazos

Sienta sus hombros y la parte superior de su espalda. Sea consciente de la piel y de los músculos de sus hombros y de la parte superior de su espalda. Sin esforzarse, permita que la relajación se difunda hacia sus hombros y la parte superior de su espalda. Con cada respiración que realice, cada vez que espire llegue a estar más y más relajado. Los músculos están flojos y confortables. Sienta calma en los músculos de sus hombros.

Sienta que la parte superior de sus brazos se relaja. Sienta sus brazos y manos. Sus brazos, manos y dedos se sienten muy, muy relajados. Puede sentir el calor u hormigueo en sus brazos y manos. Sienta sus brazos, manos y dedos relajándose. Sienta que la tensión abandona sus brazos, manos y dedos.

Examen del pecho y del estómago

Ahora, piense en su pecho. Siéntalo. Sienta los músculos debajo de la piel en todo el pecho. Sea profundamente consciente de su pecho. Sienta que la relajación se extiende por toda la zona de su pecho y de su estómago. Cuando espire, sienta la calma y la relajación en su pecho. Mientras respira naturalmente, sienta la relajación y calma en su pecho y en la zona de su estómago. La tensión fluye de su pecho cuando espira.

Usted está aspirando y espirando. Se siente más y más sereno. Siente su estómago. Sea consciente de la piel y de los músculos en esta zona. Sienta que esos músculos se relajan. Sienta que la tensión es sustituida por una relajación agradable. Cuando espire, sienta que la relajación se extiende hasta su estómago y zona lumbar.

Examen de la cadera y las piernas

Ahora sienta sus piernas, su cadera, sus pantorrillas y sus tobillos. Sea consciente de esas partes de su cuerpo. Sienta los músculos en esas zonas. Permítales relajarse más y más. Deje que la calma fluya descendiendo a sus piernas. Sienta que la tensión se marcha. Su cadera, sus muslos, sus pantorrillas y tobillos llegan a estar flojos y relajados.

Sienta sus pies y los dedos de sus pies. Llegue a ser profundamente consciente de sus pies y de cada dedo de sus pies. Sienta cuán tranquilos y relajados están. Deje que toda la tensión abandone sus pies y los dedos de sus pies.

Examen corporal

¿Cómo siente su cuerpo? ¿Siente un hormigueo? ¿Lo siente pesado? ¿Lo siente hueco? ¿Lo siente ligero, como si estuviese flotando? ¿Cómo siente su cuerpo?

Llegue a ser consciente de la más mínima sensación y trate de describir estas sensaciones para usted. Ahora, durante unos treinta segundos, examine su cuerpo en busca de signos de tensión. Si encuentra alguna tensión en cualquier grupo muscular, déjela salir. Trate de permitir que la tensión fluya siendo sustituida por la relajación.

Pausa

Piense en el océano mientras continúa examinando su cuerpo en busca de tensión. Imagine que cada ola que llega trae con ella masaje, relajación suave y calma. Cuando la ola se aleja, se lleva con ella cualquier tensión que permanezca en su cuerpo. Examine su cuerpo. Si encuentra alguna tensión, libérela.

Masaje de relajación

Una vez más recorra su cuerpo y relaje aún más hasta que una relajación muy profunda encuentre su lugar en todas las partes de éste.

Represéntese a las olas del océano acercándose y alejándose con cada respiración. Y con cada respiración imagine que un suave masaje de relajación fluye por todo su cuerpo.

Represéntese el masaje de relajación llegando y fluyendo alrededor de la coronilla de su cabeza. Sienta que la relajación fluye en cada parte de la piel de su cabeza y llega hasta la frente y relaja los ojos. La relajación está entrando en partes de sus párpados, haciendo que éstos se sientan pesados y que sus ojos se sientan descansados, completamente relajados.

Ahora la relajación masajea suavemente el resto de su rostro y las sensaciones de relajación descienden hasta su nariz. Estas sensaciones de masaje de relajación se desplazan sobre su nariz y sobre sus pómulos y descienden a través de su garganta y de su boca. Estas oleadas de relajación suave y de energía masajeadora llegan una tras otra a su cabeza y a sus ojos. Sus párpados se sienten muy pesados y es una sensación muy buena, una sensación muy relajante.

Deje que esta relajación descienda por la parte posterior de su cabeza y entre en los músculos más profundos de sus hombros y de su cuello. Sienta la relajación cuando penetra en los músculos de su cuello, relajando cada parte de éste, y cuando se relajan los músculos de su cuello, cuando se relajan los músculos de sus hombros y cuando se relaja la piel de su cuello.

Si siente cualquier tensión, mueva un poco su cuello y sus hombros hasta sentirse más cómodo. Permita que esta relajación continúe fluyendo sobre los hombros hacia la parte superior e inferior de los brazos, descendiendo y relajando los músculos más profundos de éstos. Esta relajación brota desde sus hombros en oleadas de masaje suave, sobre su piel, en sus músculos, incluso en el torrente sanguíneo.

Cada parte de su cuerpo llega a estar perfectamente equilibrada, relajada y en armonía. Está fluyendo sobre los hombros descendiendo hacia las partes superior e inferior de los brazos, y a través de los dedos de las manos.

Y, mientras este flujo desciende desde su cabeza y su cuello, también penetra en los músculos de su espalda, bajando a través del cuello hacia la espalda, de modo que usted sienta la relajación alrededor de cada hueso de su espalda y en todos los músculos de ésta.

Esta energía continúa a través de su estómago, en cada parte de sus pulmones, de modo que su respiración llega a ser lenta y serena. Usted siente que todo está bien. Libera el estómago y lo masajea suavemente, haciéndolo sentir muy pesado y caliente.

Ahora desciende a través de las piernas, de los muslos, en las rodillas y en las pantorrillas, y baja hasta los pies y los dedos de los pies. Sienta oleada tras oleada de esta relajación derramándose sobre su cuerpo.

Palabras indicadoras

Ahora vamos a tratar de profundizar aún más la relajación utilizando algunas palabras indicadoras. Vamos a emplear las palabras «apacible» y «sereno». Mientras se relaja aún más, piense en estas palabras. Simplemente, mientras se relaja dígase «apacible» y «sereno», y luego sienta las oleadas de relajación más y más profundas, a la vez que se siente mucho más apacible y sereno. Piense en esas palabras, esas palabras indicadoras, «apacible» y «sereno». Piense muy claramente en ellas mientras las dice una y otra vez para sí: «apacible» y «sereno».

Deje que las palabras resuenen en el fondo de su mente. Continúe relajándose y repitiendo las palabras «apacible» y «sereno» una y otra vez. En el fondo de su mente las palabras «apacible» y «sereno» resuenan una y otra vez.

Agradables sensaciones de calma se han difundido por todo su cuerpo. Sienta su cuerpo y sienta la calma. Deje que se relaje plenamente. Siéntalo en paz. Su respiración es regular y serena, serena y regular. Ahora usted se halla en un estado profundo de serenidad y relajación. Es confortable. Se siente bien. Se siente renovado.

«Estoy en paz.» Dígase esto. Sienta la paz y la tranquilidad en todo su cuerpo. Disfrutará una buena sensación cada vez que realice estos ejercicios y se sentirá más y más relajado.

Regreso a la actividad

Si durante el descanso del día o en cualquier otro momento encuentra que se siente inquieto por algo, recuerde la relajación que acaba de disfrutar. Antes de llegar a sentirse inquieto, haga una respiración profunda y, cuando espire, piense en la palabra «relajación». Simplemente piense en la palabra «relajación» mientras espira. Luego, durante un breve período de tiempo, piense en las palabras «apacible» y «sereno», y deje que las sensaciones de relajación que ahora está disfrutando vuelvan a usted. Esto le ayudará a controlar las situaciones, más que a ser controlado por ellas.

Ahora, cuente desde uno hasta tres. Cuando llegue a tres, abra los ojos. Se sentirá relajado, pero estará alerta y renovado.

Uno, relajado, pero alerta; dos, mentalmente despierto por completo; tres, ojos abiertos, alerta y renovado.

Edward A. Charlesworth es presidente de Stress Management Research Associates y director de Willowbrook Psychological Associates, ambas en Houston, e integrante del cuerpo docente de Baylor College of Medicine.

Ronald G. Nathan es director de desarrollo educacional, coordinador de ciencia del comportamiento y profesor asociado en los departamentos de práctica familiar y psiquiatría del Albany Medical College. Durante ocho años dirigió la clínica de «biofeedback» en Louisiana State University School of Medicine de Shreveport. Los doctores Charlesworth y Nathan han dirigido talleres de manejo del estrés para grupos tan diversos como amas de casa, oficiales de policía, contables, maestros, enfermeras, abogados, secretarias y dentistas.

Entrar al espacio interior

Guía: Gloria Steinem

«Como el aire movido por una mariposa, su respiración recorre millas y lo vincula con todas las cosas grandes y pequeñas.»

Introducción

Durante muchos años Gloria Steinem creyó que el interés por el cambio interior era secundario para el cambio social. No obstante, comprobó que muchos de los beneficios obtenidos por mujeres y hombres no eran accesibles para las personas con autoestima baja o adicciones a la autoridad y al control. Cuando investigó la información para abordar estas cuestiones en su propio libro, Gloria Steinem descubrió que también ella carecía del sentido de realidad interna, que trata en *Revolution From Within*. Esta meditación está extraída de ese libro.

Por la mañana temprano o en otro momento tranquilo, tómese una media hora para usted, encuentre una silla confortable que sostenga su espalda, y desconecte el teléfono y otros aparatos que podrían distraerle. Si esto es imposible en el lugar en que usted vive, diríjase a una biblioteca pública, un espacio religioso u otro lugar tranquilo en el que usted (o usted y su pareja) puedan asimilar estas instrucciones.

El viaje

Siéntese con la espalda apoyada, los pies planos sobre el suelo y las manos descansando sobre el regazo con las palmas hacia arriba.

Ahora lleve su conciencia a una parte de su cuerpo cada vez, tensando cada zona tanto como pueda y liberándola luego. Sienta la pesadez en cada parte de su cuerpo cuando la libera por completo. Comience con los dedos de los pies, los pies, las pantorrillas, los muslos; luego los músculos del torso, los hombros, los brazos, las manos; finalmente su rostro. Tense cada zona y libérela luego. Ahora sienta que su cabeza se balancea cómodamente sobre sus hombros. Deje que su cuerpo se centre en sí mismo.

Aspire profunda y lentamente. Sienta que sus costillas se expanden y que su vientre empuja hacia afuera cuando aspira lentamente. Luego espire el aire más lentamente de lo que lo ha aspirado. Haga esto seis veces, con conciencia. Sienta el aire frío cuando lo aspira y el aire cálido cuando lo espira. Sienta que su cuerpo se vuelve más grande con cada aspiración y más pequeño con cada espiración.

Ahora olvídese por completo de su respiración y sienta el equilibrio mientras cierra los ojos lentamente. Relaje los párpados, la frente, la mandíbula. Deje que su mente se «acomode». Si los pensamientos flotan emergiendo a la superficie, no se resista a ellos ni los persiga. Simplemente obsérvelos uno a uno a medida que llegan, y luego libérelos.

Pausa

Pida a su mente que imagine un lugar seguro. Puede ser una habitación que usted conoció en un tiempo o un lugar que en un tiempo estimó. Puede ser un lugar que nunca ha visto antes, excepto en la imaginación: una playa, la cumbre de una montaña, una habitación soleada. Cuando las imágenes lleguen, confíe en ellas. Si no llegan, relájese y espere. Si siguen sin llegar, imagine cómo sería un lugar seguro si pudiese imaginarlo.

Mire a su alrededor en ese lugar especial. ¿Qué colores ve? Deslice una mano sobre una superficie cercana a usted. ¿Cómo la siente? ¿Hay olores especiales en este lugar? ¿Hay sabores que parecen formar parte de este lugar? ¿Puede sentir el sol, el aire, una brisa? ¿Cómo suena lo que oye? Observe cuál de sus sentidos es más agudo o llega con más rapidez. Esos son los puentes más fuertes hacia este lugar seguro. Usted será capaz de rememorar esos sentimientos en la vida cotidiana cuando necesite sentirse seguro. Cuando vuelva a visitar ese lugar, puede querer pasar más tiempo imaginando con otros sentidos y reforzándolos también.

Ahora relájese y permanezca en ese lugar. Nada puede suceder aquí, excepto lo que usted desee que suceda. Si aparece algo que no es bien recibido, imagine que se va. Aquí sólo pueden sucederle cosas buenas. Su inconsciente está cuidando de usted. Lo ha traído a este lugar especial de paz, descanso, seguridad y descubrimiento.

Pausa

¿Advierte los sentimientos? ¿Qué hay en este lugar que le hace sentirse seguro? ¿Hay ausencias de cosas que le dan esa sensación? ¿Qué otras imágenes, sentimientos y asociaciones advierte? Deje que su mente consciente observe los regalos que su inconsciente le trae.

Cuando sus pensamientos salen inadvertidos de este lugar o simplemente considera que ha transcurrido suficiente tiempo, usted está preparado para regresar. Cuando esté de regreso en su vida diaria, sabrá que ese lugar de paz y bienestar existe dentro de usted. Siempre estará allí cada vez que lo necesite. Se despertará sintiéndose renovado, centrado, fuerte y apacible.

Aspire profunda y lentamente mientras cuenta hasta seis. Luego espire mientras cuenta hasta tres. Haga esto varias veces y sienta que la energía regresa a su cuerpo. En la última cuenta de tres, abra los ojos lentamente. Usted ha visitado la casa de su yo verdadero.

Gloria Steinem ha sido escritora y activista del movimiento feminista durante casi treinta años. Autora de tres libros anteriores, Outrageous Acts, Everyday Rebellions *y* Marilyn: Norma Jeane, *es la editora asesora de la revista* Ms., *que cofundó en 1972. También ayudó a fundar la revista* Nueva York, *donde era la columnista política. Como conferenciante y organizadora feminista, viaja constantemente y también trabaja para la Ms. Foundation for Women, una institución financiera multiuso de mujeres, y para Voters for Choice, un comité político no partidista. Vive en la ciudad de Nueva York, donde su apartamento es «una parada de metro» para feministas internacionales.*

Conectar con la tierra

Guía: Carole Louie

«Encuentre el equilibrio entre sus planos espiritual y terrenal.»

Introducción

Para algunos conectar con la tierra resulta más fácil que para otros. Todos sentimos la necesidad de conectar con la tierra por una u otra razón en un momento u otro. Este ejercicio también trabaja sobre objetos, así como sobre personas. Por consiguiente, si las cosas son caóticas y confusas, pruébelo y vea si se restablece el orden. Por ejemplo, la primera vez que presencié la realización de este ejercicio fue durante un vuelo accidentado a través de una turbulencia en un Boeing 727. Mi experiencia siguiente fue probarlo en mí misma. Después de tres días agitados con personas que necesitaban mi energía, tuve la buena suerte de sentarme junto a una sanadora que me suministró esta fantasía curativa.

Usted puede hacer esto en cualquier lugar, acostado, sentado o incluso de pie. Trate de estar tan relajado como pueda, pero no se preocupe si se siente aprehensivo. Este viaje le ayudará a encontrar un estado más relajado, un estado más conectado con la tierra a partir del cual su perspectiva será más equilibrada.

El viaje

Visualice el último hueso de su columna vertebral: el hueso caudal. Es sólido, aunque ha evolucionado hasta convertirse en un hueso muy pequeño. Sigue firmemente unido al resto de la columna vertebral y ejerce un tirón hacia abajo desde su posición como el último hueso de ésta. Imagine que ata una cuerda a ese último hueso. Usted sabe que está firme, pero le da un pequeño tirón sólo para verificar que está seguro.

Deje que la cuerda caiga al suelo, atravesando el terreno cuando cae a plomo hacia el centro de la tierra. La cuerda es lo bastante larga para llegar al centro, quedando un resto para atarla seguramente a un objeto en ese lugar. Por consiguiente, cuando sienta que ha llegado al centro de la tierra, busque un objeto para atar la cuerda de manera segura. Podría ser una rama o cualquier otra cosa que se le ocurra. Dé un tirón a la cuerda para asegurarse de que está firmemente ajustada.

De repente la cuerda se vuelve más sólida, como un tubo, y el diámetro se expande de modo que es lo bastante ancho como para ajustarse confortablemente debajo de sus caderas. Usted tiene la sensación de estar en condiciones de sentarse sobre la cuerda y de ser firmemente sostenido por ella. Puede tener el aspecto y dar la sensación de ser una silla o un banco, o simplemente puede tener el aspecto y dar la sensación de ser como un tubo. Tómese este momento para conocer el objeto de apoyo o contacto con la tierra cuando lo vea.

Aspire profundas bocanadas de amor dorado procedente del universo, y cuando espire, deje que todas las preocupaciones, dudas y miedos que ha acumulado desciendan por el tubo u objeto que se halla en el extremo de su columna vertebral y bajen hasta el centro de la tierra. Aspire y espire varias veces de esta manera y sienta el alivio cuando las preocupaciones, las dudas y los miedos lo abandonan y son sustituidos por el amor dorado que procede del universo.

Cuando haya completado un alivio total, estará preparado para pasar a una energía más elevada.

Visualice un sol dorado encima de su cabeza. Déjelo expandirse y desplazarse a todas las partes de su cuerpo. Déjelo llenar su cuerpo hasta que ya no pueda caber más. Aspire la luz dorada del sol y los rayos positivos que irradia. Conozca el amor incondicional que procede de la fuente universal.

Cuando esté preparado, completamente colmado del cariñoso calor del sol dorado, de energía, amor pleno, paz y alegría, abra los ojos, mueva las manos y la cabeza y sonría, dejando que su alegría, paz y amor se irradien hacia el mundo.

Carole Louie es diseñadora de interiores en Naples, Florida. Su objetivo como diseñadora, y también como ser humano, es buscar la expresión externa de la armonía y la belleza «interior» del individuo como un modo de vida.

Hoja del lirio de agua

Guía: Judith K. Bath

«Viviendo en el momento, usted es alentado a avanzar suavemente hacia lo desconocido y hacia el crecimiento verdadero.»

Introducción

La atmósfera serena y apacible de un estanque de agua fría hace que ésta sea una meditación ideal para la relajación. Puede ser especialmente útil como un período de transición entre el trabajo y el hogar, o como una liberación de tensión antes de comenzar la práctica del yoga o de otros ejercicios. También aumenta la sensación de autoaceptación, paz interior y seguridad. Si la practica diariamente, su conciencia se expandirá para realizar este simple viaje.

El viaje

Acuéstese y relájese. Imagine que está tendido sobre una bella hoja verde de un lirio de agua. El tamaño de la hoja del lirio de agua es igual al de su cuerpo. Sobre la hoja del lirio de agua sólo hay espacio para usted. No hay ningún sitio para pensamientos o hechos. Sólo el espacio suficiente para «ser». Sólo para ser usted.

Usted está tendido sobre una hoja de lirio de agua en medio de un estanque de bellas aguas azules. El estanque es muy sereno y apacible. Deje que su cuerpo llegue a ser pesado y se hunda confortablemente en la hoja del lirio de agua. Usted está tendido sobre su hoja del lirio de agua en el mismo centro del estanque. Siente el espacio, la paz, la calma; aspira esa calma.

Rodeando el estanque hay una playa de arena blanca con verdes palmeras. El sol en lo alto lo llena de una luz radiante y cálida. Sienta la belleza, la paz y la energía.

Una brisa suave mueve su hoja del lirio de agua como si fuese un bote pequeño. Usted flota hacia un extremo del estanque. Advierte una pequeña abertura. La brisa lo lleva hasta un pequeño arroyo. La corriente lo arrastra suavemente sobre el agua. Ahora, los mangles tienden un puente de uno a otro lado del arroyo. Usted se siente seguro y protegido. Nubes perezosas se desplazan en lo alto. Bellos pájaros se dejan llevar por las corrientes de aire. Aspire la paz y la suave energía de ser, mientras se arrastra aguas abajo, relajado y apreciando la energía y la paz. La suave corriente lo guía a lo largo de su recorrido. Usted no tiene que hacer nada, sólo respirar y disfrutar.

En forma gradual, el arroyo se ensancha y se adentra en otro gran estanque de agua azul. Usted flota hacia la orilla. Hay grandes árboles a lo largo de la orilla que lo abanican con sus ramas. Usted está muy, muy cómodo. Disfruta la sensación.

La brisa se vuelve un poco más fuerte y suavemente lo levanta depositándolo sobre la playa de arena. Usted puede sentir el calor de la arena a través de la hoja del lirio de agua. El calor es muy curativo. Usted se siente parte de la tierra, fuerte y sano. Respira en paz, fuerza, salud y relajación. Se siente muy sereno. Tome la energía apacible en su mismo centro y recuérdela.

Ahora es el momento de regresar a su cuerpo y a su pensamiento consciente; llegando a ser consciente lentamente de lo que lo rodea. Mueva los dedos de sus manos y de sus pies. Lentamente, lentamente, abra los ojos. Recuerde la paz y la energía, y lentamente vuelva a la conciencia plena. Recuerde todo lo que fue bello en su viaje meditativo y guárdelo en un lugar al que pueda acceder cuando lo necesite. Con fuerza vital renovada, continúe con sus actividades.

Judith K. Bath ha sido estudiante y maestra de yoga durante veinte años. Ha combinado varios estilos para crear uno propio, al que llama «yoga suave». Espera que su método abra puertas e introduzca a los estudiantes a un nuevo y delicioso sendero de crecimiento espiritual, físico y mental.

Relajación progresiva del yo

Guía: Joseph Ilardo

«Es hora de comenzar a superar esos miedos.»

Introducción

La siguiente visualización guiada fue diseñada para ayudar a la gente a alcanzar un estado de relajación profunda antes de emprender una serie de ejercicios de «desensibilización» para superar el miedo. Esta es la forma abreviada del ejercicio completo incluido en el libro del doctor Ilardo *Risk Taking for Personal Growth*. Puede utilizarse en cualquier momento para alcanzar un estado de relajación.

El viaje

Instálese cómodamente. Asegúrese de que todas sus ropas están flojas. Haga algunas respiraciones profundas. Estírese suavemente. Haga otra respiración profunda y expulse el aire de inmediato. Cierre los ojos.

Céntrese en sus brazos. Haga una respiración, contenga el aliento y tense los músculos de sus manos y brazos. Mantenga la tensión. Uno, dos, tres, cuatro, cinco, seis, siete. Ahora dígase: «relajación». Suelte la respiración y libérese de la tensión en sus manos y brazos. Sienta la diferencia entre la tensión y la relajación. Permita que la cálida corriente de relajación fluya a través de sus manos y brazos. Permítale expandirse y desarrollarse.

Pausa

Ahora vuelva a aspirar. Contenga y tense los músculos en sus manos y brazos. Tense. Contenga. Uno, dos, tres, cuatro, cinco, seis, siete. Ahora, de forma súbita, libere la respiración y relaje las contracciones en sus manos y brazos. Analice la sensación de relajación. Respire suave y confortablemente mientras permite que el aire fluya, subiendo y bajando por ambos brazos.

Pausa

Manteniendo los brazos relajados, centre su atención en su rostro. Haga una respiración profunda y frunza la frente y la nariz, mientras aprieta los labios. Apriete. Mantenga la tensión. Mantenga. Uno, dos, tres, cuatro, cinco, seis, siete. Simultáneamente suelte la respiración y libere toda la tensión de su rostro. Relaje todos los músculos y separe ligeramente los labios. Permita que toda la tensión desaparezca. Sienta el calor fluyendo hacia su frente y su cuero cabelludo. Permita que se desarrolle la relajación.

Pausa

Ahora aspire profundamente y vuelva a tensar todos los músculos de su rostro. Tense. Mantenga. Uno, dos, tres, cuatro, cinco, seis, siete. Espire y relájese. Permita que se desarrolle la relajación. Represéntese su frente y todos los músculos de su rostro lisos y relajados.

Pausa

Ahora centre su atención en cuello, hombros, abdomen y nalgas. Haga una respiración profunda y tense todos estos grupos musculares. Contraiga todos los músculos de su tronco. Tense. Mantenga. Uno, dos, tres, cuatro, cinco, seis, siete. Suelte el aire de repente y simultáneamente libere toda la tensión en su región central. Permita que todos los músculos se relajen. Analice el contraste entre tensión y relajación. Permita que la cálida corriente de relajación fluya descendiendo desde su rostro a través de su cuello, hombros, abdomen y nalgas. Una vez más, respire profundamente y tense todos los músculos. Analice la tensión. Mantenga. Uno, dos, tres, cuatro, cinco, seis, siete. Ahora dígase: «relajación», y libere todas las contracciones de repente. Sienta la relajación y la comodidad. Deje que la relajación fluya y se desarrolle.

Pausa

Ahora preste atención a sus piernas y pies. Manteniendo el resto del cuerpo relajado, haga una respiración profunda y tense los músculos de sus piernas y pies. Analice la tensión desde sus muslos, a través de sus pantorrillas y en sus tobillos y dedos de los pies. Manténgala. Uno, dos, tres, cuatro, cinco, seis, siete. Suelte el aire y relaje todas las contracciones en sus piernas y pies. Respire cómodamente mientras siente la ausencia de tensión. Sienta sus piernas pesadas y flojas. Permita que la relajación se desarrolle.

Pausa

Muy bien. Una vez más aspire. Tense los músculos de sus piernas y apriete los dedos de los pies como si fuesen puños. Mantenga. Uno, dos, tres, cuatro, cinco, seis, siete. De repente, espire y libere la tensión. Respire suave, cómoda y regularmente, y sienta que la relajación viaja desde sus manos y brazos, cruza su rostro, atraviesa su cuello y hombros, y se extiende por su abdomen y nalgas, llegando hasta sus piernas y pies. Disfrute la sensación del calor desplazándose a través de todo su cuerpo. Observe cuánto se relaja con cada espiración. Continúe permitiendo que estas sensaciones de relajación se desarrollen por su cuenta.

Pausa

Cuando esté preparado, abra los ojos. Estírese suavemente. Levántese lentamente, concediéndose mucho tiempo para adaptarse al movimiento.

Joseph A. Ilardo es un terapeuta que ejerce la práctica privada en Danbury, Connecticut. También dicta clases de comunicación interpersonal, dinámica de grupos y charlas en público en Lehman College de la Ciudad Universitaria de Nueva York.

Flujo de pensamiento

Guía: Jean D. Stouffer

«A veces debemos renunciar al control para conseguirlo.»

Introducción

Con mucha frecuencia nuestras mentes llegan a ser una mezcla desordenada de pensamientos, una vorágine de «tener que» y «debería tener» que nos abruman y nos vuelven frenéticos. Esta fantasía guiada nos da un tiempo sereno para observar el proceso de cómo contribuimos al caos en nuestras mentes. Una vez que entendemos el proceso, podemos liberarnos de las exigencias de nuestros pensamientos. Podemos lograr una sensación de serenidad interior y estamos en condiciones de tomar decisiones de una manera calmada y tranquila.

Ésta es una meditación excelente para obtener alguna perspectiva sobre cómo trabajan nuestras mentes. También puede utilizarse durante la noche, cuando los «tengo que» y los «debería tener» interrumpen nuestro sueño.

El viaje

Comience por instalarse cómodamente en una silla, con los pies sobre el suelo y las manos descansando tranquilamente en su regazo. Respire sin dificultad y deje que sus ojos se cierren. Sienta el soporte de la silla debajo de usted. Puede que quiera cambiar de posición un poco mientras permite a su cuerpo que se relaje, llegando a estar aún más y más cómodo.

También puede comenzar a cambiar su atención. Observe su respiración mientras permite que fluya al aspirar y espirar, aspirar y espirar. Nada que hacer, ningún lugar al que ir, sólo la sensación del aire fluyendo al aspirar y al espirar.

Mientras continúa respirando confortablemente, permítase observar cualquier zona de su cuerpo donde exista tensión. Permita que su respiración fluya hacia esas zonas. Y cuando espire, permita que la tensión fluya hacia afuera con cada respiración, relajando y liberando cualquier tirantez. Libérela espirándola, soltándola en el aire que lo rodea. Continúe respirando y liberando, respirando y liberando, sin prisas, hasta que su cuerpo esté aún más relajado y libre de tensión.

Pausa

Mientras continúa relajándose y respirando confortablemente, puede encontrar pensamientos que se inmiscuyen, pensamientos de cosas para hacer o de problemas para resolver. Usted puede aprender algo de estos pensamientos. Permita que ahora llegue un pensamiento y cójalo, realmente cójalo y sujételo. Aférrelo estrechamente. Puede observar algo. Observe cómo se siente su cuerpo. ¿Está relajado? ¿Está cómodo? ¿Su respiración fluye de manera confortable y fácil? Quizás ahora sepa algo que no sabía antes. Quizás sepa un poco más acerca de contener. Por consiguiente, puesto que sabe algo respecto de contener, también puede saber algo respecto de liberar.

Permítase centrarse en su respiración una vez más. Eso está bien, la respiración, el aire fluyendo hacia adentro y el aire fluyendo hacia afuera; permitiendo que sus músculos se relajen y que su respiración fluya serena y apaciblemente. Aspire y espire, confortablemente. Nada que hacer, sólo respirar y relajarse.

Tal vez se pregunte si puede actuar de un modo diferente cuando se inmiscuye un pensamiento. Usted puede descubrirlo ahora. Un pensamiento está llegando a su conciencia. ¿Lo ve? Bien. Pero esta vez, no lo coja. No lo retenga. En cambio, deje que ese pensamiento llegue a ser algo más. Quizás el pensamiento se convertirá en un globo aerostático en un día de verano, o nubes, o semillas de diente de león arrastradas por la brisa. Quizás el pensamiento será una melodía que va creciendo para luego desvanecerse en la distancia, o un arroyo que borbotea sobre las piedras en su camino hacia el mar. Puede convertirse en lo que usted quiere que se convierta. Simplemente deje que el pensamiento se deje llevar hacia adentro y hacia afuera, sin retenerlo, sin hacer nada en absoluto. Déjelo convertirse en otra cosa y libérelo. Déjelo ir a la deriva. Y puede hacer esto mientras permanece cómodo y relajado.

Incluso puede tomarse algún tiempo para experimentar el flujo de sus pensamientos y usted está en condiciones de hacerlo ahora. Mientras permanece relajado y respirando confortablemente, puede dejar que los pensamientos se formen, y luego se conviertan en otra cosa. Y esa otra cosa puede dejarse llevar hacia afuera, flotando suavemente. No hay más que pensamientos siendo arrastrados y flotando, llegando, yéndose luego; llegando y marchándose.

Pausa

Cuando esté preparado, permítase centrarse en su respiración una vez más. Mientras llega a ser consciente del flujo de aire entrando y saliendo, puede darse cuenta de que sus pensamientos son, en gran medida, como su respiración. Puesto que ya sabe algo sobre retener pensamientos y contener su respiración, puede preguntarse adónde conducirán estos nuevos conocimientos.

Y también puede dejar que ese pensamiento se aleje, mientras se permite llegar a ser consciente de lo que le rodea. Puede comenzar a sentir la silla debajo de usted y a oír los sonidos en la habitación. En forma gradual, permítase llegar a estar más alerta y cuando esté preparado, abra los ojos y regrese a su estado normal de vigilia, sintiéndose renovado, relajado y cómodo.

Jean Stouffer, escritora e hipnoterapeuta diplomada (American Council of Hypnotist Examiners y Southwest Hypnotherapists Examining Board), en la actualidad ejerce en Albuquerque, Nuevo México.

Caída libre

Guía: Angela Passidomo Trafford

El viaje

Sienta que su cuerpo se relaja. Sienta que su mente comienza a serenarse. Cada respiración que realiza lo lleva hacia el interior más profundo de usted, hasta una fuente de amor incondicional y paz. Cada respiración que efectúa le hace sentir más relajado, más en paz dentro de usted. Resulta tan maravilloso tenderse de espaldas y relajarse.

Mientras se relaja, visualice sus pensamientos como una manada de mansos corderos. Usted está parado en medio de los corderos con una varita mágica. En sus manos esta varita mágica tiene el poder de lograr que cada uno de los corderitos se tiendan para descansar en la verde hierba. Camina entre los corderos tocando a cada uno con su varita mágica. Cada cordero le devuelve la mirada con ojos mansos y sentimentales, tendiéndose a descansar sobre la verde hierba. Uno a uno usted amansa a los bellos corderitos con su varita mágica hasta que sólo queda usted de pie. Sólo usted está al mando y todos los corderitos descansan a sus pies sobre la verde hierba. Su mente está completamente en paz. En esta sensación de paz hay libertad. Permítase experimentar una sensación de paz interior y libertad mientras su cuerpo se relaja profundamente.

Visualice dentro de su corazón una bella llama interior. Su corazón está hecho de una cera roja y dura. Cuando usted respira, aviva esta llama interior de amor incondicional y pasión por la vida. Puede sentir que su corazón se ablanda mientras esta llama se vuelve más y más brillante. Su corazón se ablanda cuando esta bella sensación de ardor, calor y energía se funde con él. Usted puede sentir que su corazón se abre y todo el amor incondicional y la paz salen de él a borbotones, fluyendo hacia todos sus órganos internos, dándole un mensaje de amor incondicional y paz. Y este amor incondicional y esta paz es quien usted es. Siente el calor de esta bella radiación de amor fluyendo a través de su yo interior, calentando todos los espacios helados dentro de usted. Siente que estas sensaciones vuelven a cobrar vida cuando el amor por usted mismo calienta su ser y lo funde con todos sus miedos y reticencias. Siente que este calor y esta energía lo calientan mientras se relaja profundamente, profundamente. Mientras se relaja, siente este bello amor incondicional. Siéntalo como una hermosa luz blanca y dentro de esta hermosa luz blanca de alegría y paz está su yo auténtico. Esta luz blanca es quien es usted. Relájese en la experiencia de ser quien es. Esta luz blanca de amor incondicional y paz, de alegría y aceptación, no ha sido tocada por ningún dolor de su vida. Usted se relaja en esta bella sensación de amor incondicional y paz. Relájese siendo quien es.

Pausa

Mientras continúa relajándose, visualice dentro de usted las aguas de una bella cascada en un paraíso tropical. Esta cascada cae pesadamente sobre los hermosos farallones que hay dentro de usted. Usted contempla el verde de la vegetación, los exuberantes helechos. Visualice la cascada como una estupenda esmeralda verde. Se encuentra ansioso por trepar a la parte superior de esta bella cascada. Siente la fértil tierra debajo de sus pies cuando trepa a la parte superior y contempla la mágica belleza de este paraíso y de su lujuriante vegetación. Siente paz interior y serenidad. Mientras los pájaros revolotean en el cielo por encima de su cabeza, usted se siente liberándose y cayendo –cayendo– cayendo en la libertad. Mientras se libera, visualiza el frío y verde estanque debajo de usted. Cae libremente en una aceptación de quién es usted. Cuando se acerca al fondo de la cascada siente que una brisa tropical lo eleva en el aire. Lo eleva más y más alto; usted siente el apoyo del universo y de Dios en esta sensual brisa tropical.

Lo eleva más y más alto hacia las extensiones externas del universo.

Pausa

Desde este lugar, usted mira hacia abajo para verse, para ver su vida en la tierra, y siente su vida desde una nueva perspectiva. Sienta la serenidad y el distanciamiento de este punto de vista. Sienta cuánta libertad le permite. Mientras hace esto, se siente comenzando a fundirse dentro de usted. La luz que hay dentro de usted le permite desvanecerse gradualmente hacia una bella totalidad de ser, experimentando la integridad y la maravilla de ser quien es. Experimenta la armonía de su cuerpo, de su mente y de su corazón. Su cuerpo, su mente y su espíritu están en perfecta totalidad y en orden para curar y sanar. Permítase descansar en el amor de la experiencia de ser quien es. Siéntase tocando fondo dentro de usted, con su yo sensible. Sienta la libertad de esta experiencia. Ahora bendígase por tomarse este tiempo para usted.

Pausa

Una vez más, permítase comenzar a emerger de regreso a la conciencia. Sepa que es honrado, que es valorado y que es amado. Cuando se sienta cómodo y preparado, abra los ojos.

A través de sus propias experiencias con el cáncer, el viaje de autorrealización y la transformación espiritual, Angela Passidomo Trafford ha desarrollado el don de ver en el interior de las personas para ayudarles a transformar sus vidas, su salud y su modo de vivir a través del poder de la creencia y el amor en su práctica: la autocuración.

Naturaleza

Guía: Doss Knighten

El viaje

Colóquese cómodamente en una silla o acuéstese. Comience por realizar respiraciones profundas y mientras respira permítase relajarse profundamente. Cada vez que espire, experimentará una mayor sensación de relajación.

Mientras imagina que se adentra en un estado muy relajado, permítase comenzar a imaginar, del modo que desee, ya sea visual, auditivo, cinestésico o cualquier otro que le parezca adecuado. Emprenda un viaje hacia la naturaleza, donde irá a la deriva y se relajará. Recorra los bosques encontrándose en un lugar muy confortable y relajante. Podría ser un prado o un lago rodeado de árboles. Encima de usted ve el cielo azul con blancas nubes esponjosas. Observa el revoloteo de los pájaros. Siente la fría brisa que acaricia su piel y esto le resulta muy relajante y tranquilizador. Cuando mira a su alrededor, ve los pormenores de los árboles y de las piedras y las briznas de hierba. Cuando observa los detalles de esta escena, esto le resulta muy relajante. Permítase relajarse más y más profundamente. Permítase experimentar estar aquí en esta fantasía y siéntase sentado sobre la tierra al calor del sol. Déjese arrastrar libremente en paz, imagínese cálido, confortable y en paz.

Pausa

Imagine que una persona entra en la escena para ser parte de la experiencia. Seleccione a alguien que prefiera; tal vez elija a uno de sus amigos íntimos. Alguien en cuya compañía disfrutaría y con quien desearía compartir esta experiencia. Usted está relajándose más y más profundamente, y la persona que le acompaña hace lo mismo. Ahora sube a una canoa con su amigo. Cuando ambos se adentran en el lago, remando lentamente, se encuentran avanzando sin esfuerzo hacia una mayor sensación de paz. Ésta es una experiencia que usted es capaz de compartir y disfrutar, la sensación de quietud, la sensación de paz. La sensación de comunión con la naturaleza está a punto de producirse. Imagine que habla a su amigo de esos pensamientos y sensaciones que le gustaría compartir.

Pausa

Mientras prosigue la relajación, continúa también con la imagen de ser arrastrado por la corriente a través del lago. Remando suavemente, siente que la canoa se desliza con calma y sin esfuerzo. Cuando recorre el escenario del lago, la sensación de relajación, paz y alegría que está experimentando ahora lo acompañará durante un período prolongado. Al regresar a su estado normal recordará esta imagen y le resultará apacible, relajante y podrá recrearla con facilidad siempre que lo desee.

Cuando regrese al estado normal permítase sentirse sereno, relajado y nuevamente en armonía con usted y con la naturaleza que lo rodea.

Sonrisa

Guía: Norton Wyner

El viaje

Mientras su respiración se demora en una regularidad relajada, su imaginación espera el comienzo de este maravilloso viaje de cambio. El ritmo de su respiración se funde con todos los ritmos regulares del universo. El ritmo del tiempo y de las mareas. El ritmo de nuestro planeta orbitando en el espacio.

Y alrededor de nuestro planeta hay todavía otro ritmo: la firme certidumbre de la salida de la luna cada noche. Ahora, imagine por un momento la luna llena como suele contemplarla nuestra fantasía. Sí, imagine a la luna llena con un rostro sonriente. Una sonrisa con una antigüedad de siglos. Tal vez más antigua que el hombre mismo. Una sonrisa que nos dice que, a pesar de todo, persistiremos y venceremos. Una sonrisa radiante y benevolente, que vuelve de tanto en tanto.

Sí, a veces las nubes cubren a la luna sonriente. En otras ocasiones, tormentas y otras adversidades ocultan a la luna sonriente. Oculta o no, sabemos que siempre está allí. Y más tarde o más temprano triunfa y vuelve a ser visible, alegrando nuestros corazones. Un recordatorio de que a pesar de lo que nos abrume, a pesar de la adversidad que nos acose, a pesar de que acontecimientos nuevos nos hagan retroceder; somos una unidad con el inevitable flujo triunfante de la luna y del universo.

Y aunque como el «hombre en la luna», usted puede ser acosado por la adversidad tormentosa de tanto en tanto, sepa que lo saludable y vibrante puede estar oculto, pero sin embargo está allí. Por consiguiente, ahora proceda a alejar las nubes de su comportamiento, para revelar, renovar, revigorizar esa salud, lo mejor de usted.

«Nuestro programa "sonrisa" es utilizado con pacientes que sufren estrés como consecuencia de una reincidencia crónica persistente. Estos pacientes «pasan» de un síntoma de estrés al siguiente, recayendo en forma crónica. Esta guía imaginaria introductoria está diseñada para suministrar una metáfora lógica para sus recaídas recurrentes, mientras que los tranquiliza respecto de la certidumbre de la superación de la reincidencia.»

Norton Wyner

Índice

Relajación y alivio del estrés

NEW AGE

El entrenamiento autógeno: La técnica de relajación ideal para alcanzar un estado completo de salud y bienestar.

Cómo despertar y de rrollar su energía vi para vivir libre y feliz.

Descubra el origen psicológico de sus dolencias y cómo hacer más sana su vida.

Libros para un nuevo estilo de vida